U0120123

傳融法師開示錄

淨土心要 2

誓證念佛三昧

生死苦海唯佛能渡，欲求解脫唯依念佛求生淨土，
全心投入彌陀願海，一心歸向極樂淨土。

傳融法師——著

淨土心要
念佛僧傳融題

◎◎淨土心要—

◎◎傳融法師開示錄—目錄—

阿彌陀佛

阿彌陀佛

阿彌陀佛

阿彌陀佛

阿彌陀佛

阿彌陀佛

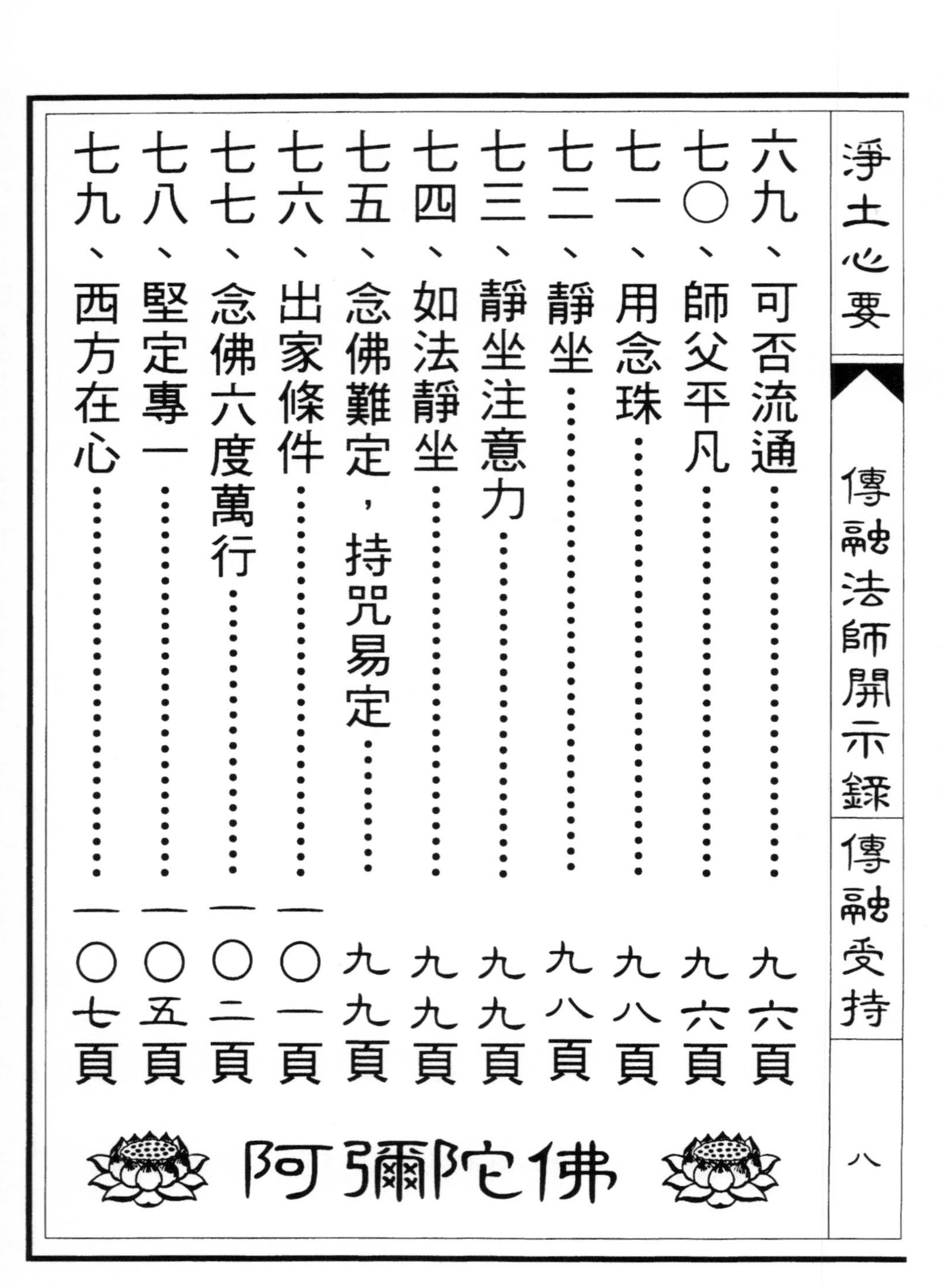

阿彌陀佛

阿彌陀佛

阿彌陀佛

阿彌陀佛

阿彌陀佛

阿彌陀佛

阿彌陀佛

阿彌陀佛

阿彌陀佛

阿彌陀佛

阿彌陀佛

阿彌陀佛

阿彌陀佛

阿彌陀佛

阿彌陀佛

阿彌陀佛

阿彌陀佛

阿彌陀佛

◎◎願一切功德，迴向西方，莊嚴淨土
願同念佛人，同生西方，成佛度眾
阿彌陀佛，阿彌陀佛，阿彌陀佛。

阿彌陀佛

念佛僧傳融敬題

傳融

觀音菩薩

念佛僧傳融敬題

傳融

大勢至菩薩

念佛僧傳融敬題

傳融

念佛僧傳融敬題

念佛僧傳融題

真為了生死
發大菩提心

念佛僧傳融

傳融

題

願我早日往西方
面見彌陀悟無生
悟了無生證佛位
腳踏蓮華度眾生

念佛僧傳融題

不假方便

自得心開

念佛僧傳融題

一句彌陀貴如命
一朵蓮花似水清
色身雖在娑婆界
佛心已歸極樂邦

念佛僧傳融題
傳融

閒話造業
念佛解脫

念佛僧傳融題

傳融

西方一路好修行
莫在娑婆受苦辛
彌陀慈尊常垂手
浪子速速歸故鄉

念佛僧傳融題

心無一物
不取不捨
念佛僧傳融題
傳融

取捨至極
不取不捨

念佛僧傳融題

見相非相
即見如來

念佛僧傳融
傳融
題

句句彌陀從心起
聲聲佛號聽分明
二六時中莫間斷
日久功深入三昧

念佛僧傳融題

厭離世間
欣向淨土

念佛僧傳融題

欣厭至極
非欣非厭

念佛僧傳融題

傳融

諸法如夢
萬境歸空
念佛僧傳融題

智者觀心
愚者求境

念佛僧傳融題

觀照自心
不求外境

念佛僧傳融題

依所悟之理體
起觀照之力用

念佛僧傳融題

心空一切
直往西方
念佛僧傳融題

知幻即離
離幻即覺

念佛僧傳馳題

我們要去西方

你要去那裡

念佛僧傳融題

稱性起修
事理圓融

念佛僧傳融
傳融
題

堅定自心

不求他人

念佛僧傳融題

傳融

不想一切
只想念佛

念佛僧傳融題

傳融

一門深入
專精念佛

念佛僧傳馳
傳馳
題

佛力加被
一路光明

念佛僧傳融題

全心投入
精進念佛

念佛僧傳融題

歸心似箭

念佛僧傳融題

順逆萬境
如如不動

念佛僧傳馳題

一向專念
阿彌陀佛

念佛僧傳融題

傳融

全心何佛
一心求道
念佛僧傳融題
傳融

專修淨業

念佛僧傳馳題

求生西方

如利箭離弓

決不回頭

念佛僧傳融題

老實念佛
如行萬里路
步步踏實

念佛僧傳融題

傳融

念佛三昧

如烈日當空

光明遍照

念佛僧傳融題

傳融

念佛功夫
如明燈照夜
說空即空

念佛僧傳融

傳融

題

觀照功夫
如
懸崖勒馬
說止即止

念佛僧傳融
傳融
題

終生隱居
全心念佛
念佛僧傳融
傳融
題

稱性起修
如得鍍鍊金
大用現前

念佛僧傳融題

因果報應影隨形
造業難免輪迴苦
行善修福是助道
惟依念佛真解脫

念佛僧傳融題

修行法語—

◎迷者觀身不淨，方便調伏妄心。覺者觀心不動，究竟光明解脫。

◎眞理、即是清淨佛性。修道之士，貴在覺照自心，返觀自性，照至萬境空寂，無住無染，無相無念，即與佛性相應。

◎全心向佛，一心求道，隨時心空一切，直往西方。

◎大丈夫、眞佛子，立志出家，精修佛道，看得破，放得下，信願堅定，光明不動，誓證三昧，心歸淨土。

阿彌陀佛

◎空寂、重在心空，非滅境求空，而是當體即空，心空自然境寂，心不取著，隨緣自在。

◎只要全心向佛，專精勇猛，信願堅定，決定親證三昧。

◎眞心念佛，決定蒙佛加被攝受，如願成就。

◎念佛貴在，信願堅定，行門專精，如是勇猛直前，自然成就淨業。發心眞誠，一路平穩，必得正果。

◎念佛之人，惟有念佛重要，其他一切都不

重要。

◎精於彈琴之人，必將琴弦調和適中，而後彈弄自如。精於修道之士，必將身心調和適中，而後全心投入。

◎清閒寧靜的修道生活，不願為形體分心。

◎發願要廣大，行持要踏實。

◎惟依念佛心求解脫，不以貪染心造罪業。

◎念佛最光明，清閒最可貴。

問：如何才能一路安穩，直往西方。

師示：修行人，要深明助緣的重要，障緣的可怕。最大的助緣，是明師善友，最

阿彌陀佛

大的障緣，是邪師惡友。要使正道安穩不退，一定要遠離邪師，親近善知識，所有來見師父請法的四眾弟子，每一個都是聽邪師說法，退失信心，被惡友擾亂，終日攀緣，實在可怕，莫怪念佛不得往生。現世修行人，正面臨這最大而可怖的考驗，沒幾人能經得起磨鍊與考驗，古時候，人人眞修實證，只有助緣，沒有障緣，所以一路安穩，直往西方。眞有道心，願生淨土的弟子，一定要深明此理，依止師父，斷絕外緣，一生精進，全心念佛，直往西方，今生決定同生淨土。

問：順樂如毒藥，苦逆如醍醐，是何義理。

師示：與道相應的助緣，能成就道業，與道不相應的障緣，能毀滅道業，眞有道心的念佛人，才能深切體悟，惟有在清貧苦逆的歷鍊中，才能增道力、開智慧、成道業。如古時有一愚婦，家貧子逆，苦不堪言，夫死無依，痛不

阿彌陀佛

欲生，一日入寺禮佛，苦訴寺僧，僧曰：汝既知世多苦，何不極力念佛，求生西方，極樂世界，善婦一聞念佛，深信奉行。三年後，一日告子曰：吾三月後，某日、某時、將歸西，果然淨業功成，蒙佛接引，往生淨土，永受安樂，直成佛道。古人之念佛易成就，就是助緣殊勝，又如慧遠初祖，結蓮社於廬山，絕諸外緣，專精念佛，百多蓮友，同成淨業。現世修行人，邪師惑人，五欲迷人，障

緣太多，難成道業，現在的人，有錢就盡量施捨修福，供養出家人，心無道念，受人供養，就貪著造業。古人有道無財，今人有財無道，古人親近明師善友，今人親近邪師惡友，成道、退道之間，實可知矣。師父當年出家，一入佛門，就捨盡所有財物，永斷俗情五欲，全心向佛，一心求道，又如古德高僧，終生隱居，遠離名利。一心向道。那像現在的眾生，剃了光頭，受了佛戒，終日貪名利，

阿彌陀佛

往俗家跑，一受供養，就貪著不捨，造業顛倒，貪染眷屬，如同俗人，阿公阿媽，大姊小妹，毋加貴大堆，還自以爲是，全無慚愧。施主供養道人，是要成就道人慧業，不是要給道人貪染造業的，生活有依止，錢有什麼用，眞有道心，視財物於無用之地，有財就要捨，捨盡財物，長養道心，才能解脫。

問：現在外面的教界，人心很亂，到處講經做法會，建大廟，大家都在忙，說

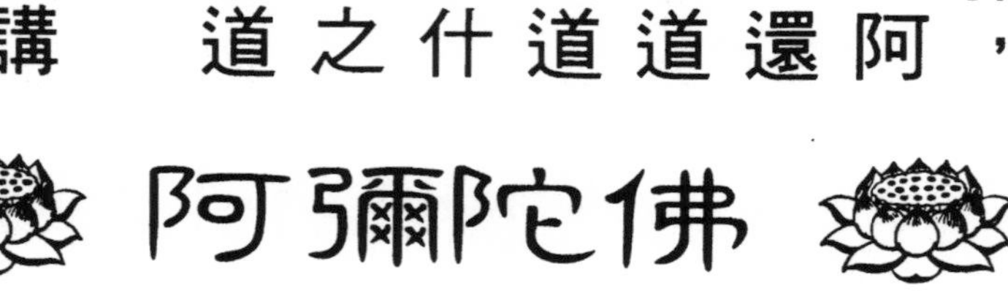

者、聞者、都心無正念，雖有教人念佛修行，但無智慧，不堅定，走不出了生死、出三界的光明路，請師父慈悲開示。

師示：修行最重要是依佛經祖錄，信奉受持，光是空談，無助於道，師父念佛，有今日的光明堅定，就是徹底信受奉行佛經祖語，斷絕外緣，放下一切，師父開示的淨土心要，從始至終，一字一句，一點一滴，全是念佛心的流露，淨土心要，就是佛經祖語

阿彌陀佛

的精要，了生死、出三界的心要明路，真能依教奉行，西方路上，菩提大道，就一路光明。世間眾師說法，一切的談空說妙，自他福慧，苦行結緣，作務爲人，師父一句，只有念佛重要，其他一切都不重要，一句全心向佛，直往西方，一句深信佛力，光明自在，就統攝一切言說，斬斷妄心狂慧。還是師父念佛光明，還是我們念佛勝妙，一向專念阿彌陀佛，惟有光明的智慧，堅定的念佛信願，才能

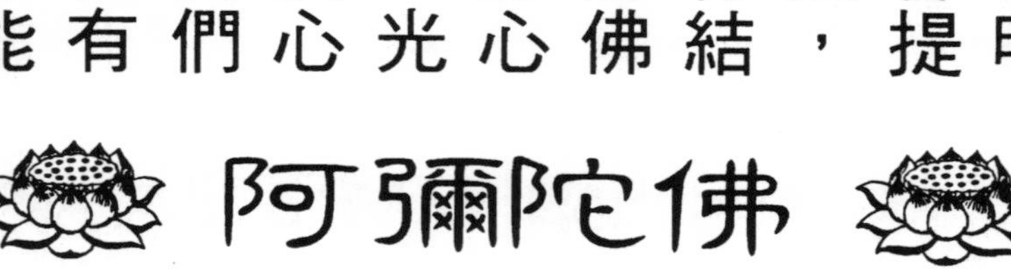

走出自己的西方光明路。惟願阿彌陀佛，本願光明功德力，願師父開示的淨土心要，讚嘆念佛功德，堅定十方念佛人的信願。

問：現在眾生，退失道心，沒有明燈，請師父下山，說法度眾，大轉法輪。

師示：弟子善心好意，師父知道，但佛法是光明無所求的，必須眾生有誠心，機感相應，方成佛事，不可妄動攀緣。師父在本山，隱居念佛，接引念佛人，同生西方，不是很好嗎！有緣有誠心，見師聞法，就能堅定念佛，同生西方，老僧只想，清閒念佛。

問：佛號無量，爲何要專念阿彌陀佛，不念他佛。

師示：師父說過，學佛修行，最要依教奉行，佛教我們念阿彌陀佛，求生西方淨土，只要信受實修，就是光明路，若心多疑，不肯信行，即非佛子。

問：佛土無量，爲何定要求生西方，不生他方。

師示：又是自生多疑，佛教我們求生西方，

乃至十方無量諸佛，都讚嘆阿彌陀佛，極樂淨土，普勸十方念佛眾生，求生西方，十方佛的聖教金言，你不信受，反而信邪師狂言，信自己妄執，豈不愚甚。

問：弟子在五欲塵勞中，信心不易堅定，今幸逢師父，慈悲指點開示，今後定會信受念佛，求生西方。

師示：世間無常，生死極苦，佛陀慈悲，千經萬論，處處教人念佛，指歸西方，安養淨土，眞佛弟子，應當確確，依教奉行，莫生疑心，誤己大事。

問：看經解義，能增長信心，但不知從何看起。

師示：看經要有智慧，才不會隨文轉，應先看小乘經典戒律，知道世間苦，無常及善惡因果之理，從不造惡業，行善念佛下手。若有慧力，再深入大乘經典，廣閱祖錄，深明空有一如，事理圓融之實相妙理。由小乘的斷惡修善，老實念佛，深入到大乘的諸法平等，實相念佛。小乘可入大乘，而大乘亦不廢小乘。事修可達理性，心性亦不廢事修。看經要解其眞義，攝其精華，納入自心，時時思惟觀照，才有受用，若只貪多，死記名相文字，不解義理，或心攀外緣，指人過非，反障聖道。看經教，跟利人度眾一樣，須量己善根慧力，能解多深，不應強求，法在心悟，不在文字，若無慧力，看了空理，反成疑難，若無慧力，妄想度人，反招退墮。念佛人，要眞心念佛，腳踏實地，願在大乘佛

阿彌陀佛

果，行依小乘善戒，若能厭離世間，不造眾罪，一心念佛，求生西方，直成佛道，廣度眾生，即可兼攝大小二乘，福慧圓修，自他同度，可見淨土法門之廣大圓妙。還是專精念佛，獲益最深，最穩當，成就最大。

問：現在的寺院都很忙，常見寺中師父要求弟子做常住事，大家忙得頭昏，作得心煩退道，請示師父，如何才能安心辦道。

師示：念佛才能了生死，放下無求，才能解

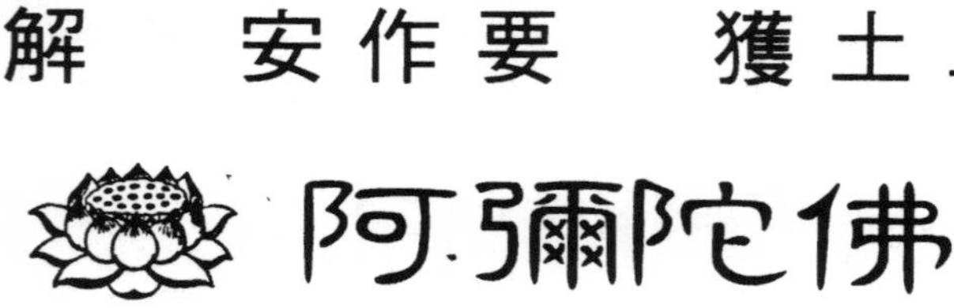

脫，寺院師父要有智慧，放得下，道場自然清閒，大眾自可安心念佛，生活安穩，就要精進念佛，心不攀緣，自然無事。我們本山，只有每年固定的小法會，安貧守道，別無所求，每天只有煮飯吃飯，吃飽各自念佛修行，沒有執事，沒有寺務，各個獨立，不相往來，絕諸外緣，清閒念佛，依師父開示淨土心要，各自精進，默默念佛，志在西方，一路光明，直歸淨土。

阿彌陀佛

問：心淨土淨，是淨土心要，如何才是心清淨，國土淨。

師示：念佛證入理一心，念佛三昧，心空無住，光明自在，一塵不染，淨念現前，才是心清淨。由此清淨心，精進修六度萬行，歷經廣劫，福慧圓滿，成等正覺，才能清淨國土，如現今西方淨土，阿彌陀佛即是。

問：爲何眾生念佛，遇到苦逆不如意，即退失信心。

師示：因爲善根太淺，未發眞道心，道心

者：菩提正覺，清淨無求，無住之心，若善根深，智慧利，道心堅定，愈苦愈逆，道心愈堅愈定，信心愈光明，這正是念佛心，多善根的念佛人。若未發出世道心，有貪染，有所求，心不淨，不明眞理，才會被境轉，退失信心。世間一切的外道外教，都是有所求的邪說，難免恩怨是非，煩惱眾苦，生死輪迴。惟有佛法內學，是無所求，無所住，清淨正覺的正法，故能斷惑證眞，了生死，超

阿彌陀佛

三界，離眾苦，得解脫，這正是佛陀的偉大，念佛的光明，淨土的清淨。

問：實相、觀想、觀像、持名、四種念佛，請師父開示。

師示：實相是佛性無念心體，惟有明心見性的念佛人才能修，即理一心，念佛三昧，無念而念，念即無念，是名實相念佛，亦名無相念佛。觀想、觀像，要依觀無量壽經的聖境修觀，古時也有人修觀法，但不多。惟有持名一法，攝機最廣，四種念佛，雖下手有

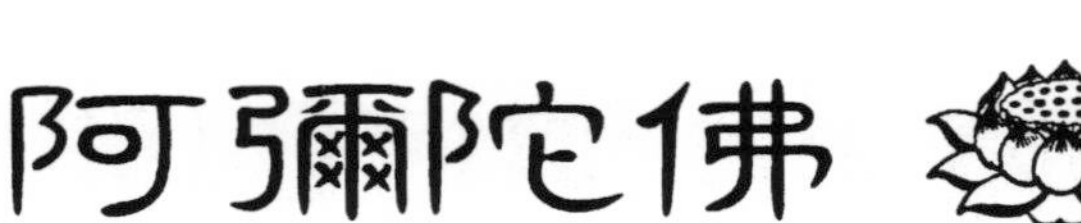

難易不同，而成就都一樣，實相、觀想、觀像三種念佛是上根利智，知法達理，全心投入，閒居靜處，才能修成三昧。持名念佛，是上智下愚都可修，若未明法達理，亦決不會錯路，一句阿彌陀佛，上智下愚都會念，都可念，工作吵鬧，閒忙動靜，一切無妨，只要提起佛號，就是念佛，只要聽得清楚，就是功夫。若是全心投入，眞心念佛的念佛人，雖專精持名念佛，而念到心空見性，即是實相，

全心歸向西方淨土，想念淨土依正莊嚴勝妙，憶念不捨即是觀想，一見佛像，如親生爹娘，歷歷親密，心心相應，即是觀像，可見智者念佛，圓修深入，不可思議。初學但依最方便，最穩當的持名念佛，只要深信佛力，切願求生，句句彌陀從心起，聲聲佛名從口出，字字聖號聽分明，隨人善根力，獲益無差別，最光明，最勝妙，最方便，又最穩當的持名念佛。

◎淨土心要，是師父的念佛心，本願力，弟

子一切的疑問，皆以念佛光明本願，一照即空，看完師父的開示，就有光明目標，就能走出自己的西方解脫大道。眾生所有的問題，就是沒有真心念佛，依教奉行，若能真心念佛，決定蒙佛加被，一路光明，直往西方。師父自出家以來，一切的歷鍊，一切的努力，一切的勤苦，全心投入，身心放下，不顧一切，捨盡一切，就是爲了要全心念佛，直往西方，爲了一心念佛，爲了成就道業，什麼都可捨，爲了往生西方，什麼都可以放下。我的念佛

阿彌陀佛

心，西方路、比什麼都重要，盡大千界，一切財寶，都不能換取我一句阿彌陀佛，身命如夢幻，念佛最可貴，念佛大事，比虛空還大，人能動虛空，不能動我念佛心。師父自出家以來，念佛心，堅定不動，始終一生，心中只有一句阿彌陀佛，任人怎麼談空說妙，我還是一句阿彌陀佛，任人如何論禪論密，我還是一句阿彌陀佛，任人怎麼顛倒造業，我還是一句阿彌陀佛，任人如何誤解誹謗，我還是一句阿彌陀佛，任人如何恭敬讚嘆，我還是一

句阿彌陀佛，任世如何天災地變，我還是一句阿彌陀佛，任身如何是生是死，我還是一句阿彌陀佛。這一切的堅定，就是徹底覺悟，世間是苦，是無常，徹底厭離，五濁惡世，深信釋迦教主的智慧，深信彌陀導師的本願。生死苦海，惟依念佛得度生死，全心向佛，一心求道，深信佛力，一心念佛，所以修行道上，一路光明，西方路上，一路安穩，佛力加被，隨願所成，一切清淨，直往西方。願十方念佛人，見聞淨土心要，堅定念佛信願，頓破

阿彌陀佛

一切疑網，成就念佛淨業，同生極樂國土，同證無上菩提。淨土心要，到此圓滿，生死眾苦，至此永斷，祝你念佛快樂，法喜無量，一路光明，同生西方。阿彌陀佛，阿彌陀佛。阿彌陀佛，阿彌陀佛。

問：女孩子和師父很有緣，師父也很喜歡小女孩。

師示：女孩子和師父特別有緣，師父也很喜歡女孩子，善良純潔的心，但師父念佛心光明，十方界內，一切眾生，惟有清淨念佛心，才能與師父相應。迷者住相，覺者觀心，念佛清淨的女孩子，師父才相應，若一念虛僞顛倒，師父就會厭到極點，眞正善女子，好女孩，就要念佛，清淨自心，自度度人，同生淨土，決不可用色相迷惑眾生，害人造業受苦，才是師父的好弟子。

問：師父慈悲，弟子看經多年，對於事與理，老是參不透，請師父開示。

師示：吃飯能飽是理，實際吃飯下肚是事，

阿彌陀佛

理無兼事之妙，事有顯理之功，如知道礦中有金是理，用火鍊礦成金是事，雖知礦中有金，若不加火鍊，不顯真金，那金礦就顯不出真金之用，有金礦、無金用，就是有體無用，有理體、無事用。金礦喻佛性之性德，真金喻佛智之修德，念佛至心空見性，才能徹見自心佛性，徹知礦中有金，鍊礦必成真金。米能煮成飯，吃飯必能飽肚，自心有佛性，念佛必能成佛。念佛見性的修道人，能深信佛

力，全心向佛，信心光明，如如不動，就是徹見自心佛性，本來是佛，念佛一定成佛，如人得到金礦，鍊礦必得眞金。迷惑眾生，不信念佛能成佛，正如不信鍊礦成眞金，如是愚人，就是迷惑顛倒，不信自心。當知佛即是心，心即是佛，若不信佛，就是不信自心，也惟有眞心念佛，眞修實證，心力與佛力，感應道交，才能深信佛力。當自己歷經一番精進念佛，達到一念覺悟，虛空粉碎，才能

阿彌陀佛

與阿彌陀佛的智慧本願相應，才能深信佛力。

問：佛經有的很深，看不懂，請師父開示。

師示：佛說一切法，皆由清淨自性，自然流露，一切經藏，不出清淨心，能將一句阿彌陀佛，念到心淨光明，則一切佛法妙理，全體顯露，一念頓悟，開大智慧，故知深淺在心的迷悟，非在文字分別。佛法是佛陀經廣劫修行，所悟眞理，弟子看經，要依敎修行，

阿彌陀佛 

眞實修證，歷經廣劫，勤苦精進，才能悟證眞理，如浪子回頭，必須入了家門，方知家裡寶藏，佛法重在，眞修實證，若終日看經，只在文字形相上，分別計較，不能開智慧。惟有眞實放下，精進念佛，勇猛修行，直到妄想冰消，眞心現前，才能開智慧，智慧一開，自然通達佛法。修行人，最重要是開智慧，惟有開智慧，才能依理覺照，勇猛精進，斷惑證眞，了脫生死，成就佛道。有覺照，才是修

道人，智慧未開，沒有覺照功夫，一對境，就迷惑顛倒，還不算是修道人。智慧如明眼人，勇往直前，沒有智慧，如盲人，寸步難行，所以修行，一定要先開智慧。要開智慧，一定要萬緣放下，一門深入，全心投入，由靜生定，由定發慧，智慧一開，徹見眞理，光明自在。禪人要萬緣放下，全心投入，極力參究，才能見性，念佛人也一樣，要萬緣放下，全心投入，極力念佛，才能悟道。眞能全力以赴，把念佛看得比生命更重要，縱使現生不悟，仗此厭離世間，全力念佛功德，臨終決定蒙佛接引，往生淨土。因爲一心只想念佛，求生淨土，不被五欲俗情動亂心志，即使未證三昧，也是心不顚倒，正念分明。若能以念佛信願，降伏妄念，仗此深信佛力，切願求生之力，就能老實念佛，信心不退，再加上善知識，時時開示長養，今生決定成就淨業，往生淨土。

阿彌陀佛

問：念佛生淨土，最基本要作到什麼。

師示：執持名號，一心不亂，是決定往生，但未證三昧者，最基本要作到每日念佛不斷。且要作到深信切願，心不顛倒，所謂不顛倒，就是覺悟世間是苦，是無常，西方是安樂，是清淨，對世間苦，心生厭離，西方樂，心生欣向，每日早晚，面向佛像，或向西方，至誠念十口氣阿彌陀佛，每口氣，念三至五聲佛號，念完即向佛發願，願生淨土。早晚十念，直至臨

終，日日不間斷，再加平時，常念多念，行之無間，貴在心眞誠，決定能生淨土。早晚十念法，亦有人一口氣念一聲佛名，盡十口氣，爲十念。但未證三昧者，心易散亂，用一口氣，連念數聲佛號，較易攝心專念。此法雖是忙人可修，亦可通行於一切念佛人，作爲加行功德，連師父已心歸淨土，全心向佛，都每日早晚行之無間。雖少念少時，因全心至誠，故功德勝妙，而成就淨業。師父修十念法

阿彌陀佛

時，最喜歡合掌閉目專念，念完開眼，遙望西方，觀想阿彌陀佛與諸聖眾，現在虛空，放光接引，隨佛歸西，所以師父都在室外修十念法念佛。覺得與西方特別接近，與阿彌陀佛特別親近，想到佛來接引，心中歡喜踴躍，難以形容，實在快樂。

問：現世佛教界，到處講經說法，沒有眞修實證，聽來聽去，還是師父走得對，只有師父眞心在念佛修行。

師示：見眾生造業受苦，就好慶幸我念佛光

明，修行實在太可貴了，世間實在太苦，惟有念佛光明解脫。

問：師父！爲何世人念佛，都不得力，不精進。

師示：信根太淺，業障貪染太重，雖有小善根，聞法念佛，心還是放不下，生死心不切，對世間苦空無常的眞理，沒有深入體悟，沒有大死一番，誓證念佛三昧的慧力，不知修行是不經寒徹骨，不聞梅花香的眞實功夫，不明修行是要由眞實修證中，證悟眞理，守不住道的根本，終日在文字形相上團團轉，道的根本是清淨覺悟。沒有親近善知識，不知修行要萬緣放下，閒居靜處，一門深入，不明法法平等，門門融通，不明如來說教，祖師開示，都是一時善巧，為使弟子堅定信願，一門深入，而偏讚一經一宗，無智多聞，反生疑難，所以學道之人，最好親近本宗善知識，直至明心見性，開大智慧，縱橫無礙，圓融自在，方可廣參多聞，而全歸中道。修

行要依佛經爲明燈，依祖師爲榜樣。古人學道，一出家就捨盡一切，放下萬緣，依止善知識，山林水下，刻苦精進，全心投入，一門深入，眞參實證，直至發明心地，獨具慧眼，才敢離師，出外參學，聽經聞法。念佛道人，一定要先依止淨宗善知識，堅定信願，一門深入，把一句阿彌陀佛，念到一心不亂，才是明路。念佛人，要深信佛力滅罪，解脫功德，惟有念佛，仗佛願力，往生淨土，才能了脫

阿彌陀佛

生死，要解脫就念佛，只要念佛，就可解脫。見聞師父開示的淨土心要，就能破除一切疑網，堅定念佛信願，就能全心投入，一心念佛。念佛證三昧者，眾業清淨，學佛成就，不但滅除過去廣劫所造一切罪業，連造罪業的根源妄心，都轉識成智，反妄歸眞，光明清淨，永不再造業受苦。念佛未證三昧者，也能念佛滅罪，但功德遠不勝眞心念佛人之功德，故下品罪人念佛，雖仗佛力滅過去罪業，但三昧

未成，智慧全無，心未清淨。全仗臨終苦逼，怖畏念佛，明師助緣，佛力滅罪，菩薩接引，往生淨土，須經多劫薰修，才能華開見佛，可見眾生，只要信佛力，願往生，臨終念佛，決定往生淨土，品位雖是下品下生，也已出三界，了生死，阿彌陀佛的大願力，眞是偉大，不可思議。

◎智慧如大海，納百川，而同一鹹味。

◎智慧如明鏡，緣來即照，緣去鏡空，鏡空即心空。

阿彌陀佛

◎只有念佛認眞，其他一切都要放下。

問：請問師父，何時出家。

師示：師父未出娘胎就出家，一出娘胎就念佛修道，幼年時期，就厭離五欲俗情，全心向佛，一心求道，每見父母老師，妄執顚倒，求人逼人，不明佛法，不知覺悟念佛修行，師父就厭到極點，只因當年還小，無力自生，只在內心厭離，默默念佛，求道之心，光明不動。

問：師父的開示，是弟子的明燈，師父要

阿彌陀佛

常常開示。

師示：師父出家，眞爲了生死，師父念佛，一切願往西方，全力眞修實證，決無半句空談，師父所有開示，千言萬語，橫講豎説，無非是要堅定信願，一心念佛，師父的開示淨土心要，主要宗旨，是依佛經祖語的精華，指出一條眞正了脫生死，離苦得樂，斷惑證眞，成就佛道的西方光明大道，道路明了，就要放下一切，眞實念佛。師父一生修道，也是依理念佛，決不分

心，決無戲言，師父好不容易，開緣利用十幾天的時間，寫淨土心要，自利利人，同成淨業，每天都極想念佛，爲滿師父以念佛心自度度人的本願，再怎麼辛苦，這十幾天之內，一定要把淨土心要寫圓滿，一次開示，終生受用，清閒念佛，直往西方。

問：修行怕著魔，請師父開示。

師示：萬境本幻，惟心妄執，心若光明，萬緣不動。眞心念佛，心中只有光明佛念，如一日能消大地霜，一燈能破千

年暗。修道念佛，但淨自心，正念分明，決無魔事。

◎覺悟、看破、厭離、放下、念佛、解脫，如是覺照修行。

◎厭到極點、無厭無欣、不取不捨，即趣入中道實相。

◎佛法的厭離心，是與清淨覺性相應的正念。

◎世法的厭惡心，是貪染顛倒的邪念。

◎佛法的厭離心，是由智慧願力，覺悟、看破，放下之所成就的清淨自在、一塵不

阿彌陀佛

染、大解脫境界。

◎世人的瞋厭心，是由愚痴、貪求、妄想、顛倒之所起惑造業的不淨熱惱，受盡無量，生死大苦。

◎淨土心要，有理有事，有修有證，由事相入理觀。由心力感應佛力。

◎諸法如夢、萬境歸空、世事無常、生死極苦、如是覺照、一心念佛，能成就淨業，決定往生。如是觀心照境，能成就光明自在的厭離心。

◎看了淨土心要，字字直歸西方，句句真修

阿彌陀佛

實證。第一句生死苦海，你覺悟了嗎？第二句惟佛能度，你深信不動了嗎？第三句一聞淨土，全心納受，一心歸向，你作到了嗎？

◎出家爲了生死，你憑什麼了生死，念佛功夫，達到一心不亂了嗎？

◎無常一到，昇沈立判，你有本事正念不動嗎？你憑什麼感應彌陀，有臉見佛嗎？有眞心念佛嗎？

◎終日爲人忙，不精進念佛，生死輪迴，誰能救度你。心力是因，佛力是助緣，二力相應，才能往生。

◎世間無常，修行可貴，當勤精進，一心念佛，求生西方。

問：大念見大佛，小念見小佛，是何道理。

師示：念有迷悟，佛無大小，大小在心，不在音聲，這是對初心念佛人的勉勵，因初心念佛人，心易散亂，在共修念佛時，假借音聲，降伏妄想，較易專心故。念佛的宗旨，在於念念清淨，念念覺悟，功夫全在淨念相續，信願堅定，全在心地功夫，音聲大小不重要。一句阿彌陀佛，要念得光明，念得自在，想怎麼念，就怎麼念，怎麼念都自在。

問：聽外面法師說，念佛的阿字發音不對，怎麼才對。

師示：念佛貴在，眞心至誠，智者念佛，全在內心，覺照觀心，怎麼念，都自在，一切音聲外相，都不重要。

◎道人遇境，要有懸崖勒馬的覺照功夫，求人求境，就是造業受苦，心中一念顛倒，

阿彌陀佛

就是惡業苦惱，猛然覺悟，一念迴光，返照自心，不受境轉，不被人動。世間就是苦，惟有堅定自心，覺悟念佛，才能解脫。堅定善心的好弟子，堅定是要用來成就自己道業，萬萬不得計人過非，他人造業，我心覺悟厭離，一心念佛就光明，就能轉境，就是解脫，若一念顛倒，攀求外境，就有生死輪迴，恩怨是非，時時心往內觀，不論遇何境緣，最重要是自心要堅定，只要自心堅定，提起覺照，一心念佛，一切都光明，眾生造業受苦，是他自己的煩惱業障，遠離他，不管他。

◎你看眾生，不念佛就苦呀！我們念佛光明，直往西方。有疑惑，要立即請善知識開示，惟有破除疑惑，才能堅定道心。對境照不空時，要立即請師父開示，惟有大智慧，全心內照，萬境不動，才能放下妄執，提起正念，一心念佛。

◎修道念佛的智慧，決非如凡夫俗人想的那麼簡單，迷者無慧，只著外相，不明自心，故念佛終不得力，若無慧照內智，所修一切善業福業，都是人天痴福，不能了

阿彌陀佛

生死，不得眞解脫。

◎念佛修淨業，決非只是身口外相的念佛、禮佛，唱誦儀表而已，淨業功夫，全在內心，身口外相只是助緣，能不能成就淨業，往生淨土，就全仗內心的覺悟力、厭離心。若心貪染世間，雖念佛修善，說法度眾，亦不能了生死，縱使下品下生眾生，也是具足畏苦、厭濁、信佛、信樂的內在眞道心。念佛人，一定要深明、厭離世間、深信佛力、切願求生、一心念佛、一向專念阿彌陀佛，是眞正往生正因，淨

土心要。

◎你看眾生，終日貪染求境，造業受苦，要學師父，默默念佛，都很不容易，念佛實在光明可貴。

◎有誠心，有道心，信佛力，願往生的善心弟子，終生親近師父，二六時中，時時都有師父的念佛光明願力觀照著，妄想煩惱，無從生起，猶如烈日當空，黑暗頓消，獅子出洞、百獸驚怖，念佛堅定，永不退轉，由此道理，就能體悟，為何西方眾生，永不退轉。信師父念佛光明，願力

廣大，就是信阿彌陀佛、智慧光明，願力廣大，能信師父，就能信阿彌陀佛，能感應師父攝受，才能感應阿彌陀佛接引，師父的念佛心大願力和阿彌陀佛如明鏡相照，感應道交，心佛相應，不可思議。

◎有心學道之人，要時時返照心念，一心能隨緣現十法界，欲生西方淨土，一定要將心念願力，全心全力，轉向西方，念念是佛，願願是西方，臨終就仗此一念心力，感應佛來接引。

問：請示師父：什麼叫做，繫念不忘。

師示：繫念不忘，就是全心向佛，心歸淨土，一切時中，不被六塵外境之所動亂，念佛人，雖厭離世間，萬緣放下，難免還有生活雜事，但真心念佛之人，心空一切，全心向佛，雖隨緣作務生活，而念佛求生之心，時時繫念不忘不離，時時厭離世間，心歸淨土。

問：沒有念佛的眾生，都不敢來見師父。

師示：師父一靜，能離萬鬧，師父一默，能遠眾緣，師父終日，默默念佛，雖沒

阿彌陀佛

禁語，決無多言，妄動眾生，自然無門可入，縱然見到師父，眾生有沒有正念念佛，難逃師父慧眼，一念顛倒，立即厭離，那裡見得到師父，在師父面前，隨時都要提高警覺，如臨深淵，如履薄冰，師父念佛光明願力，如明鏡當臺，圓光遍照，眾生妄想念頭，無所遁形。所以想見師父的弟子，就要加功用行，精進念佛，業消誠露，自能感應。

問：以前想出家，沒因緣，現有家眷，可

否出家。

師示：出家全貴內心覺悟放下，雖有眷屬，心不染著，念佛清淨，是眞出家。若無眞道心，雖出世俗家，在佛門寺中，廣收徒眾，貪染顛倒，與俗家何異，現前就要精進念佛，求生西方，有本事往生淨土，才是眞出家，莫打無益妄想，念佛才是最重要，眞有道心，因緣成熟，龍天護法都會護持，道場在心，不在外相。

問：如何修行，即得解脫。

師示：信佛念佛，求生西方，即得解脫。

問：只有念佛就好嗎？

師示：念佛功夫，全在內心，覺悟放下，光明不動，你把一句阿彌陀佛，念到一心不亂，再來見師父。

問：只念一句阿彌陀佛，就能解脫，實難深信。

師示：如今汝將煩惱根源，追問到山窮水盡，自然頓悟，念佛功德，甚深微妙，不可思議。生死眾苦，是由造惡業來，造惡業，是由迷惑貪染來，若能不迷惑，即不造惡業，不造惡業，即不受眾苦，如今念佛，念念清淨自心，念念覺悟自性，迷妄漸消，覺心漸顯。淨心漸露，貪染漸除，如是精進勇猛，信願堅定，日久功深，以一念止萬念，以淨念除染心，時至功成，一念頓歇，歇即菩提，豁然大悟，得大解脫。念佛才能解脫，念佛才是光明，其他一切都是苦，都是煩惱，就連穿衣、吃飯都要時時覺悟，時時厭離，世間一切都是苦，惟有智

阿彌陀佛

慧，時時覺悟，到西方衣食自然，一切清淨，才是安樂自在。

◎世間無常，夫妻恩怨，有什麼好，念佛光明才可貴。

◎有時想到參禪的高僧大德，一生苦行，精進勇猛，堅定不動，數十年，不眠不休，一代宗匠，大善知識，大徹大悟，智慧廣大，只因沒有厭離世間，求生淨土，經一入胎，迷忘前世道心，又貪染五欲，造業受苦，理雖頓悟，事未盡除，這決非參禪不殊勝，而是世間無常，輪迴路險，在五

濁惡世，長劫苦行，容易退墮，障礙太多，自力不足，不易成就。惟有念佛，求生西方，清淨安穩，永不退轉，最為穩當。禪人喜談高妙之理，但事上還是低微不穩，現生大悟，尚未能了脫生死。惟有念佛，仗佛願力，往生淨土，最光明、最穩當，一生淨土，直成佛道，了脫生死，得大自在。弟子一念貪染顛倒，師父隨即厭到極點，弟子一念至誠念佛，師父頓時相應到極點，這就是厭離心的光明自在，由此道理，就可體悟阿彌陀佛，接引念佛

弟子的大悲願力，就知道只要眞誠念佛，深信佛力，願生淨土，此願一發，頓時與西方阿彌陀佛感應道交，不可思議，水濁月隱，水清月現，即此理也。

問：念佛人見性開悟之後，會不會退失。

師示：念佛人深信佛力，願生淨土，若上根利智，現生念佛見性悟道，更是全心向佛，直往西方，精進念佛，勇猛無比。因爲念佛人，志在臨終生淨土，縱使大徹大悟，決不得少爲足，更是對世間惡濁，厭到極點，心空一切，直歸淨土，證三昧者，臨終決生淨土，直成佛道，永不退轉。

問：解在三藏十二部，行在一句阿彌陀佛，是何道理。

師示：修行必須先明理，依理修行。最方便的淨土法門，也要知道西方極樂世界有阿彌陀佛，想去西方要具足信佛力，願往生，一心念佛的往生正因，才能感應佛來接引。佛法的智慧海，要修到成佛才能圓滿徹證，世間無常，修行難進而易退，我們目前最切

阿彌陀佛

要的，就是先念佛求生淨土，淨土有阿彌陀佛大導師，菩薩聖眾為善友，衣食自然，國土清淨，蓮華化生，壽命無量，永不退轉，自可安穩精進，直成佛道。至於三藏教典的解門，只要能明其宗旨精華，修行就有明路，不須窮鑽文字，死記名相，惟有依教奉行，信受實修，才有實益，不造惡業，廣修眾善，念佛求生西方，是佛法三藏的宗旨。覺悟世間苦空無常，深信念佛光明解脫，念佛念到心地清淨，厭離濁世，心歸淨土，諸法如夢，萬境歸空，心無貪染，一切清淨，是三藏教典的精要。能守得住這佛法的宗旨心要，修行道上，就能堅定念佛，信願不退。佛法眞理，是要長劫勤苦修行，在遇境逢緣生活中，不斷思惟體悟，寧靜觀照，才能由自心的親自體悟經驗智慧，去印證佛陀所說的眞理，信心才能清淨堅定，道業才能勇猛精進，如果只是依自我的妄想分別，小小世智學問，去研究教

阿彌陀佛

海，空談攀求，是永遠也體悟不到佛法眞實義，永遠不得自在解脫。修道之士，若能解行相應，一聞千悟，智慧廣大，固是眾生明燈，大善知識，傳佛法燈，續佛慧命。但這是上根利智，大修行人才作得到。若無此根器，應從斷惡修善，念佛求生淨土的基本，老實修行，先求生淨土，再漸次修行，才是光明穩當。無論上智下愚，悟與未悟，信願念佛，求生淨土，都是仗佛願力，換個清淨安穩的

阿彌陀佛

修行道場，往生淨土，都是方便道，一定要依仗佛力的勝方便道，才能永不退轉，一路光明安穩的到達成佛究竟道。

問：佛法惟上智與下愚，能得眞實益，是何道理。

師示：上根利智，宿慧深厚，一聞千悟，清淨覺照，眞心念佛，信心光明，願力堅定，全心投入，勇猛精進，萬境不動，直往西方。鈍根下愚，雖無智慧，但能信佛願力，求生淨土，老實

阿彌陀佛

念佛，決定蒙佛接引，同生西方，同成佛道，同得佛法眞實益。惟無智，又不老實，自作聰明，誤己大事，實是愚痴可憐。念佛人要深明，念佛往生之理：世上有心修道的眾生很多，但能精進不退者甚稀少，原因是環境所逼，障礙所困，五欲所迷，邪師所惑。今有阿彌陀佛，發大悲願，成就極樂淨土，接引有心求道的念佛眾生，只要眞有道心，深信佛力，願生淨土，臨命終時，阿彌陀佛與諸聖眾，現前接引，往生淨土，一生淨土，境緣勝妙，只有明師善友，清淨佛土，一切助緣，安樂自在，修行道上，一路光明，直至成佛，永不退轉。世間實在太苦了，念佛往生淨土，眞是無上的光明安穩。阿彌陀佛，實在太慈悲太偉大了，生死苦海，好在有阿彌陀佛的慈悲願力，救度我們，我們今生一定要全心歸向西方，極力念佛求生淨土。到了極樂世界，我們有緣清淨道友，就可以永遠

在一起精進修行，還可以一起同遊十方無量佛淨土，來去自如，飛行自在，一起成佛，一起度眾生。實在太好，太可貴了。感恩佛陀，感恩佛陀，阿彌陀佛，阿彌陀佛。

問：何謂苦逆增福慧，飢寒長道心。

師示：智慧光明，對境不惑，惟有上根利智方能作到，初學弟子，習染太重，容易懈怠，故須假借種種苦行歷鍊，長養道心，人在苦逆境界中，較易覺悟苦的眞諦，人在順樂之中，較易貪染

放逸，人在飽食之中，容易起妄想，人在溫室之內，較易貪享受。所以初學修道之士，要在苦境逆緣之中，千磨萬鍊，要在飢寒之中，長養道心。直到明心見性，大徹大悟，妄想消落，光明自在，才有本事，歷萬境而不動，聞眾說而不移，能空能有，可貧可富，八風不動，六塵不染，雖是資身辦道，借假修眞，但決不貪染色身。肚空好修行，愈冷愈覺悟。

問：寒流又來了，師父衣服單薄，不冷

嗎？

師示：冷得了色身，凍不了佛心，餓得了皮袋，飢不了慧命，冷風颼颼，我心佛佛，念佛之人，凡遇苦逆寒暑，都要時時覺悟，世間眾苦，西方安樂。親近師父，念佛修行，一點一滴，舉手投足，都是真覺悟，真放下，真功夫，一絲毫懈怠不得，放逸不得，惟有時時覺悟，念念是佛，說斷就斷，說放就放，要有隨時心空一切，直往西方的願力，才能跟得上師父，同生

阿彌陀佛

西方，同得解脫。苦行的程度，應視各人善根忍力而行，忍力不足，不可勉強，應調和適中，若過於勉強，不安穩，反易退失道心，持戒苦行是助道，念佛光明才是正因。

問：爲何有些修行人，要燃指供佛，或燃手、燃身。

師示：佛法苦行，貴在內心的放下，覺悟、無住無染，不論外相修什麼苦行，完全要發自內心的眞誠與願力，決不能有絲毫名利貪求之心，若不是眞爲了

阿彌陀佛

生死，全心向佛，眞心求道，所修一切苦行，就是無益苦行。修道之人，一定要切記，不論修何法門，修何苦行，要與清淨正覺相應，若一念貪求，即入邪道。眞心念佛人，覺悟諸法如夢，厭離世間，看破塵勞，放下身心，眞誠念佛，一心求道，直往西方，就能具足一切苦行功德。一切苦行的宗旨，就是要厭離世間，放下身心，修一切法門，都不能違離清淨心的根本。才能得正定，開智慧。

◎修行道上，不容許有一絲毫的虛僞貪求，如果沒有從內心眞實覺悟，眞實看破，眞實厭離，眞實放下，雖修種種外相苦行，持身口不犯戒律，學唱誦外表、威儀、學講經說法度眾，建大寺廣收徒眾，乃至一切人天福業善行，都不能了脫生死，沒有眞智慧，一遇境界，就貪染顛倒，一受供養，就貪染退墮，所以學佛修道，一定要先求開智慧，先求生淨土，先成就智慧，辯才、神通、威德、解脫功德，才有能力隨緣利生。

◎清淨心：是修一切法門的根本。

◎智慧力：是度生死海的明燈。

◎修道人放下的功夫，能粉碎虛空，大死大活。

◎這個也放得下，那個也放得下，身心都空寂，一切都放得下，才能全心投入，一念單提。全心向佛，直往西方。

◎這個也不重要，那個也不重要，念佛光明，惟道爲貴，一切都不重要，惟有念佛重要，才能了脫生死，得大解脫。

◎這個也不認眞，那個也不認眞，諸法如

阿彌陀佛

夢，萬境歸空，一切都不認眞，惟有念佛認眞，才能成就淨業，蒙佛接引。

◎有善根者，雖遇小苦，就會發大覺悟，極力念佛。

◎沒道心者，雖受大苦，還是不會覺悟，造業顚倒。

◎有智慧者，雖聞一句佛法，如獲至寶，全心納受奉行。

◎沒道心者，雖是終日聽經，如說食數寶，不得法益。

◎生死極苦，西方安樂，奉勸世人，急早念

佛，求生淨土。

問：念佛人，悟與未悟，其修行有何差異。

師示：事相上的生活，穿衣、吃飯、睡覺、念佛修行，求生淨土都一樣，但內心的智慧覺照，就全然不同，念佛悟道者，深信佛力，信願堅定，對境光明，隨緣自在，全心向佛，萬境空寂，勇猛精進，直往西方。念佛未悟道者，信力不深，願行易退，對境貪染，不能隨緣，攀求妄動，心念時兒向佛，時兒向塵勞，容易懈怠，雜修不精，心思顛倒，求人求境，守不住根本。所以念佛未悟者，應親近淨宗善知識，終生依止，依教念佛，才能成就淨業。

問：念佛功德，圓頓勝妙，極樂淨土，清淨安樂，爲何還有眾生，不肯信受求生。

師示：念佛生淨土，要具備善根、福德、因緣、眾生不肯信受求生，是自心業障，沒有福德，因緣不具足。反觀我

阿彌陀佛

們念佛道友，是何等的慶幸，能聞到淨土法門，深信佛力，堅定念佛，同生淨土，眾生造業受苦，實在可怕。我們能念佛生淨土，也是跟阿彌陀佛，有很深的緣。

問：往生西方淨土，是不是去享受。

師示：極樂淨土，是由阿彌陀佛清淨心，所成就果得之清淨佛土，心淨是因，淨土是果。眾生念佛清淨是因，往生佛淨土是果，若心有貪染享受，即非念佛清淨。既然心念不淨，不信佛力，

那能往生淨土。所以念佛求生淨土，是仗阿彌陀佛的清淨悲願接引，去西方精進修行。

問：弟子看師父默默念佛，隱居修道，都不敢隨便打擾師父，平時也很不容易聽到師父的開示，如今有師父的淨土心要開示錄，猶如師父在身邊時時教導警策，師父慈悲願力，弟子們各個都非常歡喜。

師示：大家都是很有緣，一起念佛，同修淨業，同生西方，師父本願，以念佛

心，自度度人，但師父一生隱居，全心向佛，全心念佛，心空一切，直歸淨土，默默念佛，不願多講，如今由清淨道友的誠心感應，將師父平日覺照法語及開示語錄，寫成淨土心要，惟願佛力遍十方，廣利恆沙諸有情，念佛弟子好堅定道心，師父也好安穩念佛，清閒隱居。西方光明大道指出來了，師父就要清閒念佛了。

◎淨土心要，就是清淨自心，莊嚴淨土的法要，看了淨土心要，應時時觀照自心，身

口意三業造作，有沒有跟清淨心相應，有沒有將淨土心要的眞理，存養於心，時時思惟返照，精進念佛。古時候的祖師大德，都會棒喝弟子，那是弟子有善根，有誠心，才感應得到善知識的慈悲開示，現在的眾生善根太淺，沒有求道的誠意，所以感應不到師父的當頭棒喝，道人心，如空谷，有聲才有應，無聲即寂然，師父平日對弟子的開示，都很宛轉，很客氣，所說的道力，還不是師父本願。師父本願力，弟子和眾生，沒有一人納受得了，那是一覺粉碎虛空，一口吸盡大海，只有全心是佛，決無半句囉嗦。弟子還小，道力不足，心智未成熟，師父只有百般權巧，用諸方便，如用糖果誘小兒般，使其漸修漸進。往生西方中下品的眾生也是如此，阿彌陀佛變化鳥樹，演說妙法，由菩薩聖眾權巧開導，漸修漸進。智者喝罵眾生，乃是悲智雙運，機感相應，一棒之下，大夢初醒，一喝之下，清涼徹腹，罵得光明遍照，罵得狂心頓歇，正是棒喝之下出祖師，厲罵之下入佛智。

◎智者心光明，笑罵皆佛事，愚者心暗鈍，笑罵是造業，親近師父的弟子，有機緣會聽到師父大聲念佛，厲聲喝罵顛倒眾生，那就是師父發大覺悟，厭到極點的本願力，別害怕，那是師父自己平日的覺照發願，遇境逢緣的觀照功夫，是心空一切，直往西方的本願力，並不是喝罵某一個眾生，而是一念放下，生佛界空，一念覺悟，萬境具寂。師父之覺心願力，眾生的妄心顛倒，是兩個世界，各不相干，師父念佛解脫，眾生造業受苦，干我何事。師

阿彌陀佛

父厭到極點，是師父自心自在，佛號一提，願力一發，光明遍照，萬境空寂，全心是佛，直往西方。

◎見眾生造業受苦，師父就千幸萬幸，念佛光明，直往西方。你看眾生，一小魂石頭，說什麼鑽石，什麼美玉，那跟河裡的石頭有何差別，眾生無智無福，爭相貪著，不得解脫。還說什麼千年石木，有什麼磁場感應，眞是愚昧至甚，可憐至極。一個心思邪惡，不會念佛，臭穢不淨，騙人害人的邪男女，說什麼偶像愛人，爭相

追求，實在顛倒，實在可憐，那種男女有什麼用，丟掉都來不及。明師善友才能助我們念佛解脫，才是最可貴。

◎參訪善知識也要具慧眼，現在的眾生還分不清誰是善知識，不知道他們在參學些什麼，只是四處奔波，徒勞其身而已，若眞有道心，還是放下外緣，一心念佛，最清淨，最穩當。

◎我們念佛學道，一定要明辨是非邪正，才能堅定道心，精進念佛，至於他人修不修，一切放下，不可妄動分心。

阿彌陀佛

問：爲何會利他損己，其理何在。

師示：迷者心攀外境，覺照全無，雖修小善，忘失念佛慧業，雖有小小利他，卻是大大損己，也是古德勉勵弟子，不可得少爲足，應當以道爲重，百尺竿頭更進一步的道理。智者全心內照，自在隨緣，萬境空寂，如如不動，雖隨緣利生，念佛心，不被外境所動，雖有開示，亦念念覺照自心，看似度人，實乃自度，心不動故，自他相空，損利具泯，光明自在，不可思議。

問：爲何愈念佛，妄想愈多。

師示：念佛人，只管提起一句阿彌陀佛，直心直念，你在念佛，他在妄想，與你何干。一切妄想，皆由貪著所生，心不貪著，自然念佛光明，淨念相續。

◎淨土心要到此一切圓滿，一次開示，終生受用，一心念佛直往西方，師父要清閒隱居，專精念佛了。淨土心要，終於圓滿了，師父要清閒念佛了。世間無常，生死極苦，只有阿彌陀佛能救度我們，趕快念

佛，速速念佛，勇猛念佛，一心念佛，只有念佛，才能解脫。全心向佛，求生西方極樂世界，我們深信佛力，切願生西，世間一切無常變化，阻礙不了我們光明解脫的西方大道。眾生不念佛，將受無量苦，我們全心念佛，臨終決生淨土，直成佛道，得大解脫，得大自在。念佛，念佛，阿彌陀佛，阿彌陀佛。蓮池海會，決定相會，決定相會。

問：經云：不作聖心，名善境界，若作聖解，即受群邪，請師父開示。

師示：這是對不信念佛，專修自力法門的修行人講的，眞心念佛人，全心是佛，一切光明，決無魔事。念佛光明之清淨勝妙功德，惟眞心念佛，深信佛力，方能相應，世人就是業障重，不信念佛功德，終日在打魔妄想，眞心念佛人，一切時中，全心向佛，時時蒙佛，光明攝受，前途一片光明，全仗佛力加被，最光明，最穩當，最殊

勝，最清淨。

問：師父何以能如此，直下承當，堅定不動。

師示：因爲師父深信念佛功德，一切法門，念佛最勝，只要念佛，一切光明，眞能看破世間，厭離塵勞，眞心念佛，全心向佛，決定蒙佛加被，前途一片光明，一路安穩，直往西方。

◎世人就是不信念佛功德，終日爲人忙，貪名利，那裡知道念佛的光明自在。全心投入的眞心念佛人，在修行道上，雖然會有一段艱難的苦行歷程，如初見性時的豁然心空，有體無用，但必竟佛力加被，一路光明，一路安穩，這只是一段心路歷程，一定會走過來，一定會慢慢安穩，清閒念佛，直往西方。

◎世人常講的什麼著魔，什麼障礙，這些分別妄想，在眞心念佛的佛力光明中，正如紅爐片雪，徹底空寂，一切無礙。

◎佛功德不可量，大悲心無障礙，就看眾生是不是眞心念佛，有沒有深信佛力。

◎世人不信念佛功德，學佛一世，還是妄想

阿彌陀佛

顛倒，煩惱無量，一點道心願力都沒有，終日攀求爲人忙，造業受苦不覺悟，講沒兩句話就顛倒，跟世人講話眞是又累又不相應，還是遠離俗人，清閒念佛最自在，最可貴。

◎今世學人，常謗古德住山行道爲自了漢，自讚講經慈善爲利他行。但智者一看徹見，其居心之未淨，染念之未清，自心放不下，自當慚愧，反謗古德，實是顛倒。

◎帶業往生與消業往生，各人論點不同，但能深信佛力，何須強是強非，放下妄測分別，全心極力念佛求生淨土，才是最切要，最實在，只要信佛力，願往生，一心念佛，決定往生成佛，不論帶業消業，一生淨土，清淨光明，同佛受用，無所障礙。

◎佛法以斷惡修善爲根本，以明心見性爲究竟，普修念佛爲方便，同生淨土爲勝妙，佛法並非捨棄人天小善，而是要依清淨智慧，自度利人，世間一切恩情名利，都在迷惑人心，若無大智慧，雖有心利眾，易被境轉，退失道心，若眞發菩提心，自度

阿彌陀佛

度人，定會全心念佛，求生淨土，成就智慧解脫，才有能力眞實利生度眾。

◎到那裡都一樣自在，是指有慧照功夫的智者而言，但沒有智慧的人，就隨時會被境轉，顚倒妄動不自在，修行的助緣極爲重要，西方極樂淨土，是最勝妙的修道助緣，有心求道之士，應當深信佛力，力求生西。

◎佛法的法喜，是由三昧正定清淨智慧之所流露的光明妙樂，是自在不動，是無住無染，所以念佛人，臨終見佛來引，雖歡喜

踴躍，而心住正定，寂然不動，心佛感應道交，隨佛直歸淨土。

◎世人的歡喜，是由貪染顛倒不淨妄想之所表現的煩惱俗相，是苦的根本，是有住有染，所以眾生求人求境，愚痴妄動，得片刻之小樂，造永劫之大苦。

◎真心念佛人，於念佛精進歷程中，不論見到什麼聖境，惟有堅定信心，增長道念，更加精進直前，決不動心，決不旁顧，縱然心空見性，大徹大悟，亦決不得少為足，更加堅定勇猛，全心念佛，畢命為

阿彌陀佛

期，清閒念佛，直至臨終佛來接引，往生淨土，眞實解脫，究竟成佛。若是發心不眞，生死未切，終日顚倒妄想，認妄爲眞心，散慢當解脫，如是虛僞狂徒，喜談神通，好說聖境，心不老實，行不踏實，徹底遠離，徹底看破。

問：請示師父，爲何不可妄談聖境。

師示：眞心精進的念佛人，由於身心萬緣一切放下，全心投入，一心念佛，妄想消落，眞心顯露，如雲開見日，塵去鏡光，種種瑞相聖境歷歷現前，行者

見已，信心光明，證實佛言眞實，聖境實有，如浪子歸路見鄉景，疑惑頓除，直奔家門，登堂入室，得心寶藏，受用無窮，故眞心念佛人，見諸聖境，心不住境，不停留，更加精進念佛，直往西方，漸得大益，獲大聖果。

◎若業障重，不信佛力，心無道念，沒有下過眞實功夫，不老實念佛，妄想見聖境，妄談神通，縱令見得小境界小神異，由於心念貪著，不肯精進，日久發狂，直入魔

阿彌陀佛

境，漸受大害。

問：請示師父：淨土法門，是否行重於解。

師示：修一切法門，都一樣要行解並重，所謂眞精進，就是深解圓解，堅定勇猛，惟有圓解大智，才能一念單提，如如不動，惟有徹見實相，方能一門深入，全心是佛。念佛法門之殊勝，在於三根普被，智愚同歸，上智深信勇猛，一登上品，下愚信願眞誠，亦得往生，先出三界，後入佛智，全仗

阿彌陀佛 

佛力加被攝受，功德勝妙，故知解門之深淺，在於善根智力之利鈍，行門之定散，在於覺照之有無。

◎佛即是心，法即是道，由清淨心善根力，一聞正法，全心納受，信行不逆，方名眞解。若只在文字上依文解義，分別計較，即非眞解，眞解一定起行，實修方名眞解。

◎修一切法門，皆依智慧爲根本，彌陀大悲本願，先接引念佛眾生，往生淨土，漸次聞法薰修，故西方淨土，連鳥樹都在演說

阿彌陀佛

妙法，解行相應。末世眾生根鈍慧淺，不解眞義，難入佛智，是無圓解之慧力，決非淨土不重解慧。解者：離相證實相，行者：心空見眞空，豈是鑽故紙，行邪道之輩所能測度。

問：弟子看師父的開示，都很想看師父的法相，但少數初學業重眾生，見生疑謗，應如何應對。

師示：既知愚者，業重無知，何須應對，放下厭離，不管他，不理他，隨他去。師父說過，淨土心要，是師父念佛本

願，覺照內智，眾生本來就納受不了，初版的精裝本，是印來師徒自修用的，一定要觀機，若無道念，不清淨，沒誠心者，不要給他看，再版平裝本，雖不印師父的隱居法相，也一樣不可攀緣，有誠心，才可看，沒誠心，絕對遠離，師父光明無所求，更不須費心，向人解釋辯論。菩薩不現異相，以顯己德，菩薩亦不現威儀相，以求名利，道人無心，自然流露，隨緣自在，智者念佛，全心投入，不顧一切，大智大願，大行大用，自在就是自在，怎麼樣都自在。

問：師父放下一切，念佛光明，清淨自在，但弟子業重無慧，還有眷屬俗事，如何修行？

師示：佛法之光明偉大，理事圓融，自在無礙，理中有事，事中有理，修行不礙生活，生活不礙修行，能隨緣才是大自在，眞自在定能隨緣，常處中道，眞俗一體，隨緣自在，一切無礙。生活是事相，念佛是理觀，事相者：看經，念佛，禮佛，供佛，孝養父母，奉侍師長，勸修子女，布施、持戒、忍辱，作務生活。理觀者，覺悟諸法如夢，萬法歸空，觀心自在，如如不動。佛法之心空一切，放下一切，是心無貪著，智無凡情，並非廢棄生活眾善，而是隨緣生活，行善利生，心常自在，一塵不染，有善無智，不得解脫，有智無善，道不圓滿，有生活無念佛，不能斷煩惱成佛道，有念佛無生活，身心不得安穩，師父萬緣放

阿彌陀佛

下，也還需弟子護持，才能安身修道，所不同者，道人隨緣自在，心無所求，時時覺悟，世間無常，厭離世間，一心念佛，求生西方，一切的煩惱是非，就是貪染俗情，修一切善，不能有俗情，教你修善，決非教你貪染，有情就有苦，無情即解脫，行善修福，心有俗情貪染，就是小孝小善的人天痴福，是生死根本，煩惱根源，智者行善修福，心無所求，光明清淨，就是大孝大善的解脫大道，是

成佛正因。

問：請師父開示，剋期念佛，修行歷程，使弟子對念佛功德理念，有更深體悟，作爲眾生修行明路。

師示：所謂發心不正，果招必邪，發心真誠，必得正果，師父一生修道，生死心切，切到極點，全心全意，只爲念佛，求生淨土，生死心，切到不顧生死，不顧一切，放下一切，全心投入境界，故於修行歷鍊中，其堅定的道心，耐心，恆心，會令人無法接受，

阿彌陀佛

無法了解，因爲凡夫，只看外相，決難深見道人願力智慧，而大智大願的念佛人，其願力之堅定勇猛，智慧之光明深妙，是決不受一切邪說外境所動的，念佛人最重要是發心要眞誠廣大，決不可有絲毫名利貪染之心，才不會入魔道，走錯路，發心眞不眞，自己最明瞭，若眞正爲了脫生死，深切覺悟，世間無常，生死極苦，全心向佛，眞心求道，厭離濁世，求生淨土，必然萬緣放下，萬境不動，勇猛精進，全心投入，眞能發此至誠清淨道心，決定感應彌陀攝受加被，西方道上，一路光明安穩，決無魔境，決無問題，決不會走錯路，只要眞心念佛，一心求道，無論如何千磨萬鍊，順修逆行，一切光明，一切無礙。

◎師父從小，就一心念佛，求生西方，世間財物名利，俗情萬境，根本就動不了師父光明願力，惟有一層薄薄的習氣，擾亂我念佛，由於師父願力廣大，求道心切，切之至極，半夜就要歸西了，不憂一切，惟憂道業，雖是小習氣，必要痛下苦心，千磨萬鍊，誓必要鍊光明，才能全心投入，專精念佛，成就念佛三昧，生死才有決定把握，於是出家後，開始練武，假借習武的艱苦，降伏內心的欲念，再者修不淨觀，練不倒單，持午節食，禁語捨財，寒冬薄衣，沖冷水，苦鍊心，痛切念佛，極力懺悔，無論如何艱苦，無論如何苦鍊，誓必要把五欲六塵，一切萬境，都要鍊光明，一下功夫，勇猛不動，不到全心是佛，光明自在，決不罷休，凡夫不知道人願力，以爲師父鍊身，其實師父是在鍊心，身如夢幻，臭穢無常，有何可鍊，借物鍊心亦然，智者念佛，具大願力，心對萬境，隨時看得破，照得空，愈鍊愈光明，虛妄無常之世物假相，那能動搖道人光明智慧。

◎初出家時，因常住工作太忙，沒時間剋期取證，一次機緣，因身不適，常住給我六十天養身假，難得的寶貴時間，師父利用這兩個月，全心投入，一心念佛，立刻進入清涼境地，滿心法喜，快樂無比，不知有身，不知有睡，心與佛號，打成一片，六十天中皆如此，不斷不動，空寂自在，可惜兩個月到了，又要工作，不能繼續精進，若當時有助緣，繼續精進念佛，一定成就。又有一次，與常住出外做法事，為亡者超渡時，在告別儀式的鼓樂鬧鬧中，師父正在全神貫注的修悲切念佛，觀字念佛，頓然身心脫落，內外空寂，心與外境，如兩個世界，空寂無礙，出家念佛歷程，經歷這兩次的念佛體驗與法喜，師父對念佛功德之信心願力，更加堅定光明，

曾經有半年期間，專持大悲咒，初時似易攝心，半年後，再恢復專念彌陀，還是念佛功德勝妙，最方便，最光明，不受一切生活外境影響，以前在學院時期，院方常住，又要參禪，又要誦戒，又要結夏，又要唱誦，又要禮懺，又要背經，又要早晚課，這一切的儀規外相，對一個大願力，深信念佛光明解脫功德的修道者，實不契機，師父盡力避開，縱外表隨緣依眾，內心念佛不動，就連唱三皈依的空間，師父都一心念佛，常在共修禮懺中，一到念佛

阿彌陀佛

時，都有如歸極樂，欲罷不得之法喜，念佛功德之光明喜悅，豈是門外漢所能知之。自學院結業後，一心想剋期念佛，取證三昧，了辦生死，便開始做準備，再度練武鍊心，苦練龍爪功，觀音掌，磨鍊心志，增強耐力，修行道場，也做決定，一是住山，一是回常住，住山雖然清淨，但生活不安穩，住寺生活安穩，但人事吵雜不淨，最後決定回常住，剋期念佛，只要有一位誠心堅定的弟子護持，師父就有慧力，一切放下，不理不管，禁語絕萬緣，

念佛證三昧，先後數年，多位弟子親近，但都不夠堅定，無力護師，至七十四年中秋，第一位善友，出家護持，師見時機成熟，半個月後的九月初四，一夜之間，師毅然決定，禁語念佛，剋期取證，誓得三昧，先定十天為期，至第六天，頓入一心，堅定光明，勇不可當，念佛本願，全心顯露，無人能動，師即發大誓願，佛在吾心，護法在前，死字當頭掛，大事今日了，傳融即日起，禁語念佛，畢命為期，不證三昧不開口，不了生死不下山，生命如夢，念佛爲心，捨盡所有財物，斷絕一切外緣，依台宗二十五方便，爲念佛助緣，依深信彌陀本願，切願求生淨土爲正行，衣食具足，安穩念佛，既然是要剋期取證，就要放下萬緣，全心投入，全力以赴，全神貫注，捨盡一切，不顧一切，不顧生死，不能有一絲毫分心，故極力將生活日用，調到最清淨，最安穩，只留一件衲衣，一串念珠，赤足空身，別無他物，每日只食兩盤水果，禁語剋期之後，不再練武，全心投入，專精念佛，二六時中，單提一句阿彌陀佛，專念四字佛名，用小聲持與金剛持法，經行念與靜坐修法，故雖終日精進，身心調停適中，亦決不生火氣，不勞累，由於只食水果，穿衲衣，故不需爲衣食分心，全神貫注，不昏不動，五年之中，從未開眼視人，實際剋期時間，是一年七個月，第三年後，才慢慢學吃米飯，煮食，調回正常生活，安穩念佛，直往西方。

◎剋期歷程，大覺悟，大懺悔，眞實放下，全心向佛，一念放下，萬境空寂，一念單提，萬緣不動，靜坐時間，由每日八小時，到最後十八小時，圓滿前半年中，念佛心光明遍照，法喜無量，不需睡覺，不需養息，惟於中夜，小息養神，二六時中，一句佛號，綿密不斷，清淨覺醒，如如不動。至於修證歷程的種種瑞相，勝妙聖境，只有使道心更光明堅定，更法喜精進，只要自心眞心念佛，一心求道，決定蒙佛加被攝受，一切光明，一切無礙，尅期中的前五個月，極力在做調停功夫，把衣食生活減到最低限度，決不能有絲毫分

心，才能全心投入，連棉被寒衣都捨掉，丈室之內，只有空床空櫥，空無一物，寒冬凍冷，亦決不為衣分心，惟有全心極力念佛求解脫，肚子空空的像在唱歌直叫，亦決不為食分心，惟有全心極力念佛生淨土，不知有身，自然不以為苦，念佛光明法喜，自然不動不累。

◎至七十六年，農曆四月初一，剋期圓滿，法喜光明，提筆書一偈曰：迷也阿彌陀，覺也阿彌陀，西方在眼前，從來不離心，念佛光明，心歸淨土，由於當時妄念空，

佛念也空，心極苦悶，不得已，才請幾位老法師，印證開示，自心漸漸起妙用，百尺竿頭，更進一步，開始廣閱佛經祖錄，印證念佛心。從體起用，稱性起修，繼續精進念佛，求生淨土，長養聖胎，歷境驗心，刻苦歷鍊，長養定慧。

問：爲何世人會輕視淨土，不能深信切願。

師示：一切法門，不出禪與淨土，禪是專靠自心定慧，斷惑證眞，了脫生死，淨土是兼仗佛力，往生淨土，先出三界，先了生死後，再漸修斷惑證眞，但禪與淨土，都是清淨平等之無上妙法，外相方法，似有不同，內智眞理，實無差別，靜坐思惟，參究爲禪，手持念珠，念佛爲淨，這只是外相外表的方便門，萬緣放下，一念單提，制心一處，不動不亂，靜極生定，定極發慧，心空見性，自在解脫，斷惑證眞，直成佛道，才是禪與淨土之內智究竟法。迷惑凡夫，只見外相，不明自心，故誤禪淨爲二法，

阿彌陀佛

智者無住無著，徹見佛性，故知禪淨是一體，方便是應機以施教，究竟是法法皆平等，見法有差別，是凡夫妄心，見法清淨平等，才是大覺聖智，有差別，是無常生滅法，無差別，才是常住實相，禪與淨土，在下手入門，雖方便有異，到信心成就，全心投入，觀心自在，則同歸自性，智者一信一切信，一修一切修，萬法歸心，心攝萬法，圓融自在，平等無礙，無差別中恆差別，差別相中無所

住，雖知諸法平等，不礙擇一門而深入，雖了萬法惟心，何妨仗佛願力而往生，故知世人輕視淨土，是人之愚，非法有別，不解如來眞實義，未下一番眞功夫，只在門外胡猜妄測，實是狂妄愚痴，何足與論道，何足與談心。深信切願，要有善根慧力，覺悟放下，眞誠念佛，決非只憑世智愚慧，死記文字就可，信願念佛，是與道相應的清淨心，善根力，文字分別，是與道不相應的貪染心，妄想執

著，文字豈能證實相，妄執那能趣菩提，文字無過，染心障道也，依文入觀名爲道，執文字無觀行，就是邪，觀照世間無常，生命如夢，生死眾苦，俗情恩怨，是事觀，觀照諸法平等，空有一如，清淨自在，光明不動，無住無相，是理觀。念佛人，在事相上達到一心不亂，即是成就事觀之禪定三昧，念佛人，於理性上達到一心不亂，即成就理觀之智慧三昧，念佛人，若未成就事理二觀之三昧功

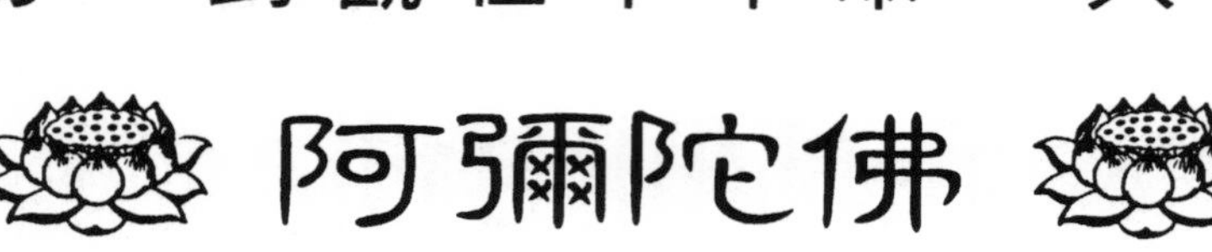

夫，妄想煩惱難以降伏，妄念會去了又來，伏之又生，不得安定，不得自在，惟有三昧慧力，才能對境一照即空，妄念無從生起，覺照光明，全妄歸眞，如如不動，得大自在，大解脫，這就是淨土法門之深妙圓頓，不可思議，世人無知，而法自清淨，世人愚昧，而智者自在不動。

問：師父平日開示，都教弟子專持佛號，而師自行，且深入理觀，是否弟子根機尚淺。

師示：初學無智，惟教事修持名，由此方便下手，薰習長養，久修利智，教以理觀持名，入一心思惟覺照下功夫，契應實相，初學不由事持，無從下手，無門可入，利智若無理觀，難證自性，難入佛智，淨土法門，有深有淺，全在念佛人的根器。

問：師父開示剋期修證歷程，都只談理論，不講心境成就，密而不露，不欲人知。

師示：境界如夢幻，智慧最光明，師父以念

佛本願，自度度人，師父開示，念佛三昧，修證歷程的放下功夫，如何信願堅定，一門深入，如何心空萬境，不顧一切，如何全心投入，專精念佛，如何勇猛精進，不畏艱苦，好讓有心成就念佛功德的弟子，更堅定念佛信願，師父只是很平凡堅定的念佛修道人，看破世間，厭離塵勞，全心向佛，一心求道，一心一意，只想念佛，求生淨土，信願堅定，念佛光明，其他一切什麼境界、成就、外相，皆如夢幻，決不重要，有何可談，有何可論，念佛自在，一切無住，厭離世間，直往西方，才是師父念佛本願。

問：師父慈悲開示，淨土與他宗之同異？

師示：若論心力，則禪宗之明心見性，密宗之現生成佛，淨宗之心開見佛，都是道人善根智慧，心能轉法，智能見性，法法平等，宗宗歸心，同歸性海，無二無別。若論佛力，則禪宗之出生入死，輪轉苦修，密宗之出胎入

胎，轉世苦行，乃至一切心力，自力法門，都須於生死海中，長劫苦修，煩惑斷盡，方成究竟佛。惟淨土宗，仗阿彌陀佛本願攝受，一生命終，蒙佛接引，往生佛土，一生成佛，最光明穩當。論心力，則佛佛道同，法法平等，智者見性平等，迷者著相差別，論佛力，則佛佛別願，願願契機，智者常親近佛，迷者執空輪迴。十方世界，一切諸佛，智慧平等，但一切佛菩薩，各有別願不同，廣度有

緣眾生。念佛修淨土，仗阿彌陀佛，本願攝受，臨終往生淨土，永不退轉，不再受生死輪迴，可一路清淨，安穩修行，直成佛道，即是淨宗之殊勝穩當，佛力之慈悲偉大。

問：古德云：念佛人但求一心不亂，不必求其大徹大悟，是何理？

師示：深信佛力，切願生西，專精念佛，求生淨土，此信願行，是淨宗綱要，往生正因，淨宗念佛，旨在一心念佛，往生成佛，故惟重一心不亂，一心者：萬念俱寂，惟念彌陀，不亂者：厭離世間，全心向佛，惟有一心信向，念佛求生，才能與彌陀本願相應，才能感應佛來接引。若將心求大悟，則與淨宗求生西之旨相違。智者念佛，專修淨業，雖不求現生大徹大悟，但若善根成熟，功純力極，自可決定大徹大悟，心開見性，所不同者：真心念佛人，縱使現生大悟，亦一心不亂，全心念佛，直往西方，不住偏空，若信願不堅，只求大悟，縱

阿彌陀佛

然大悟見性，易執空理，有體無用，執心是佛，不願求生。大徹大悟只是見道，還有廣劫習氣要漸修，依所悟之眞理，起觀照之功夫妙用，遇境逢緣，刻苦歷鍊，見道後，還要依理修道。長劫勤苦修行，方能斷惑而證道，但開悟之道人，若無善知識印證開示，教其繼續用功，或無教典印心，最易執性廢修，認佛性爲究竟佛，不知稱性起修，不知念佛，求生淨土，那就違離淨宗義理，不得眞實

法益。

◎念佛人切記，無論大徹大悟，瑞相聖境，夢異感應，見佛，見光，一切境界，都是眞心念佛人，深信切願，專精念佛，勇猛精進，與淨性相應，所自然親證境界，眞心念佛，光明不動，自然不被一切境界所亂，堅定平實，一心念佛，一路光明，一切無礙，若發心不眞，行持不精，一味妄求聖境感應，即非眞心念佛。念佛人，惟有一心念佛，求生西方，其他一切，不動不求，眞心直念，直往西方，才是正念。

阿彌陀佛

師父當年剋期取證，也是萬念放下，全心念佛，心空一切，直往西方，若上根利智，勇猛精進，妄想頓空，大徹大悟，還是全心念佛，直往西方。

問：弟子身體多病苦，家人叫我吃肉補身，可否，念佛人，要不要素食？

師示：念佛爲求解脫，解脫必淨三業，病苦就是宿世殺生食肉的果報，還不覺悟。念佛人，一切都要清淨，不可殺生，不可食眾生肉，連牛奶都不要喝，才能斷除貪染心，徹底清淨，成

就淨業。念佛人，要明因果，不可造惡業，一切眾苦，惟有懺悔念佛，才能解脫，若再造業，必永受大苦。懺悔：是要從內心，發大覺悟，發大勇猛，極力改過，極力念佛，極力清淨自心，一心求生淨土，才是念佛人的心念懺悔。若是智者念佛，更能深察，諸法如夢，世間無常，念念清淨，念念覺悟，即可趣入實相，轉識成智，得大自在，這就是念佛人，由老實持名，深入到實相念佛，由事相

阿彌陀佛

心念懺悔，深入到實相理懺，決不是如現世學人，只在佛前，跪誦懺禮，有口無心，虛有形象而已。眞心念佛人，一切時中，全心向佛，念念在道，勇猛精進，綿密相續，全心投入，專精念佛，全在心地，覺照用功，也惟有大智大願，把功夫用到全心內照，心無間斷，淨念相續，心與道合，心與佛應，才能成就念佛三昧，決生淨土。末世眾生，業障太重，沒有道心，論念佛：只是口頭誦

佛，心思顛倒，念念貪染，全無內觀，論禪密：只是坐著好看，心無正念，念念攀緣，全無定慧，論持戒：只是搭衣持鉢，心無淨念，指人過非，全無道心。無論念佛、參禪、修密、持律、禮懺、研教原來都是如來悲心，廣開權巧，方便接引眾生，只因眾生，無眞道心，不得實益；故不論修何法門，一定要將事相助緣，深入妙觀，心地覺照，時時與清淨心相應，念念與正覺契合，才能得正定，

阿彌陀佛

開妙慧，斷煩惑，證菩提。

◎◎爲母開示錄（八十四年五月）

母問：你的弟子爲何都不理我，我是善良的人，爲何看不起我，你爲何如此不孝，爲何大家都那麼討厭我？

師示：阿彌陀佛！阿彌陀佛！阿彌陀佛！世間苦呀！你還不覺悟，自心煩惱，不知懺悔，又在説人是非，造惡業。

母答：我有念佛，我是善人，我很用功在念佛。

師示：你如果去向凡夫俗人，説你整天都在

念佛，俗人會讚嘆你，很用功，很精進，因爲凡夫沒有智慧，只看你外表，不觀你心念。但在佛菩薩及傳融之前，就絲毫虛僞不得，假不得，你自己摸摸頭，返照自心，你是個出家人，念佛人，你不識字，不明佛理，但傳融已盡了慈悲，將念佛修行的道理，開示明瞭，一再教你，要放下俗情，不可說人是非，念佛貴在清淨自心，若只有口念佛，心不淨，貪染俗情，說人過非，就不是念佛人。是非心，最惡毒，貪染心，最臭穢，看你滿心貪染臭穢，說人是非，造眾惡業，還敢騙佛，說你有念佛，你是善人。

母答：你的弟子都很不善，都看不起我，那麼討厭我。

師示：止止不可說，你再說是非，傳融立刻就走，不理你，不開示了。

母答：默默然，不敢再妄動。

師示：傳融自十多年來，一切的開示，一切的修行，都是我佛如來，智慧解脫之道，一言半句，都是眞語實語，無上正覺之法，傳融所説，即是佛陀金言，但你業障太深，不肯信受奉行，口雖念佛，心思邪惡，貪染不淨，曾經信邪教，發狂墮落，還不知慚愧，你不是常叫著世間苦，要去西方嗎？去西方是要聞法修行，不是去求享受，現前你都不信佛法，不淨自心，就決不可能往生清淨佛土，你是個出家老尼，終日與俗爲伍，説是非，論俗事，頭光，心不光，有何用。

阿彌陀佛

◎大眾都不理你，是我傳融制止的，因為你一開口，便説是非，造惡業，傳融是大願力的念佛僧，為盡孝心，度母出苦海，不忍見你墮落生死受大苦，故囑弟子，勿與你談話，全心念佛，各自精進，你已年老，七八十歲了，還有多少時光念佛，依你現前的功夫，連俗情都還放不下，還惡心造口業，是很難往生，沒有把握。傳融與弟子，都是眞心念佛人，不理你，不説話，就是為成就淨業，同生西方，傳融的弟子，各個都是善心念佛人，傳融很能體

諒弟子的處境，弟子護持師父修行，確實非常艱苦，但弟子都有誠心，有道心，弟子與師有很深的善緣，要護持一位大願力的修道人，實不容易，師父願力廣大，勇猛精進，艱苦歷鍊，弟子無法納受，無法體悟，內心都要經歷一番艱苦歷鍊，師徒既然眞心求道，就要死得下凡情，堅得起道心，不畏一切艱苦，不懼一切惡逆，勇猛精進，全心念佛。母親及弟子，都是初學無智，不明傳融大願苦行，師父從不責怪何人，反而更加慶幸，傳融大願大行，

阿彌陀佛

念佛光明，師父全心念佛，歷心苦修，不願分心，故對世上一切是非恩怨，都不動不理，傳融覺悟就光明，看得破，照得空，厭離世間，心常清淨，管你什麼修不修，道友有跟你說話，你就說大眾對你很好，你很歡喜，師父依智力教弟子，不可散心雜話，你就反目生瞋，說人是非，誹謗道友，你算什麼念佛人，西方淨土，會要你這種污染惡心的人嗎？佛在眼前，還不懺悔。母親聽完師父語重心長，悲切嚴厲的開示，頓時清醒，心開意解，歡喜慚愧而退。

問：念佛要念得清楚，聽得分明，是否一定要出聲念。

師示：念佛聽佛聲，伏妄心，是重在心耳聽，耳聞只是粗相，心聞才是細行，全心精進的念佛人，出聲大聲的念佛，不可過久，當知一切法門，不離清淨心，一切行門，貴在定慧力，出聲念，或大聲念，雖可對治昏沈，但氣動心馳，不易攝心，障礙禪定，獲益不大。眞心利智的念佛人，深入禪

阿彌陀佛

定，思惟眞理，雖是金剛念佛，不出聲，而攝心靜聽，歷歷分明，淨念相續，不動不亂，深入大禪定，啓發大智慧，這就是由口念，深入到心念，由動念，深入到靜觀，心空萬境，全心內照，才能深入禪定，親證念佛三昧。師父常開示的默默念佛，就是貴在攝心切念，把心返照迴光，照顧念頭，制心入定，才能達到，以念佛心入三摩地的三昧境界，這種深入念佛定境的三昧功夫，決不是口念心亂的

門外漢所能知，師父所開示之第七法隨息念佛，就是靜坐妙觀，全心內照，照見一切皆空，念佛光明自在。

◎念佛堅定，欲深入三昧者，應放下萬緣，全心投入，靜坐入觀，全心內照，一心念佛，有疑則參，有境則照，疑破境空，猛然提起阿彌陀佛，念念清淨，念念覺悟，這時的念佛，就能達到念念清淨念念佛，念念相應念念佛的心佛一如，感應道交不思議的三昧境界，親近師父的弟子就知道，師父終日念佛綿密不斷，就是金剛持

阿彌陀佛

法。

問：看了師父開示錄，深切體悟念佛法門之勝妙，世人視淨土爲淺近者，實是業重懈怠，顛倒無智？

師示：修一切法門，不離覺照，不出止觀，念佛人，手持念珠，口念彌陀，這只是外相事修，覺悟世間無常，照見一切皆空，止息妄想執著，觀心自在不動，才是內智理觀，世人念佛，爲何信不深，願不切，爲何口念佛，心散亂，爲何不明眞理，盲修瞎鍊，爲何

貪染顛倒，雜修不精，就是沒有善知識開示，不明淨土深義。一句阿彌陀佛，具足一切善淨解脫功德，那是對大智願，大成就的念佛人而言，智者念佛，明心見性，念念清淨，念念覺悟，看得破，照得空，心佛一如，萬境不動，念念返觀自心，心心返照自性，故能佛號一提，光明遍照，彌陀一念，萬境空寂，全心是佛，心歸淨土。師父平日開示，只教人念佛就好，那是對初學在家弟子而言，若是

阿彌陀佛

有心求道的出家弟子，就要放下萬緣，全心投入，極力念佛，清淨自心，清淨自心，談何容易，必須通達教理，大開圓解，破除一切疑難，堅定無比信心，死守解脫戒法，斷除一切貪著，一句阿彌陀佛之中，要具足覺悟功德。看經研教，近善知識，放下萬緣，居閒靜處，奉持淨戒，斷情離欲，返觀念頭，極力懺悔，改惡向善，清淨自心，聞法解疑，堅定信願，苦行忍辱，磨鍊習氣，這一切的

修行功夫，都是爲了要成就一句阿彌陀佛，一個眞心念佛，眞心求道的念佛人，一定要經歷如是精進長養，千磨萬鍊，直至善根成熟，信心光明，業消智朗，定慧圓明，才能一念單提，是心是佛，心空一切，直往西方，否則終日妄想顚倒，外表假念佛，心無眞智慧，一遇境界，造大惡業，根本就不配是念佛人。

◎念佛就好，你念佛了嗎？你心中有佛嗎？心中有佛，還會罵人造業，愚痴顚倒嗎？

阿彌陀佛

你根本就不明淨土法門，不明淨土，即不明自心，不明自心，學道無益。持戒、懺悔、明理、淨心功夫，是在平日念佛之一切時中，即念返觀，全在心地，眞修實行，決非叫你去裝威儀，學外表，也不是念佛之外另修他法，這一切功夫，都具足於一句阿彌陀佛之中，這正是萬法歸心，心攝萬法之理。

◎念佛人，如果只有口頭外相念佛，沒有心地覺照功夫，煩惱惡習，任其增長，妄想攀求，任其奔馳，那心念必定終日散亂，念佛依然終日苦惱，念頭會伏之又生，道心會日漸退失，猶如斬草不除根，春風吹又生，正是古德所云：不明自心，學道無益，修道以心爲根本。故知念佛，看似容易，行之最難，若沒有深厚的善根道力，勇猛精進，千磨萬鍊的功夫，是絕對提不起一句阿彌陀佛。只有大智大願，心空一切，才能將一句阿彌陀佛，全心提起，徹光徹照，如如不動。世上愚人，業重無智，輕視淨土，從未下過生死功夫，不信佛法，圓融自在，不明眞理，清淨無住，

阿彌陀佛

猶如迷途窮子，不識衣中明珠，實可憐惜。

問：淨土法門，何以是難信之法，易行之道？

師示：其他一切法門，全靠自力，長劫苦修，斷惑證眞，方了生死，淨土法門，全仗佛力接引往生，一生成佛，得大自在，佛願廣大，即是佛境界難思議，若非深具淨土善根，久修大乘菩薩，實難深信不疑，故是難信。而淨土仗佛攝受接引，具足眞信切願，一心不亂，即能往生佛土，了脫生死，故曰易行。

◎情不斷，道不成，師父特別將爲母開示的道理，記錄一段，體悟師父念佛心的內在本願，世人都以俗情孝順父母，心無智慧，貪染顛倒，造業受苦，長劫輪迴，佛法所說孝養之道，是衣食奉養，心存妙智，精修佛道，同登覺岸，絕不可有絲毫俗情。如今家慈，衣食具足，生活安穩，仍貪染造業，不信佛法，自心墮落，還擾道友，道友每日煮飯辛苦，不知感恩，反

阿彌陀佛

生怨謗，業重顚倒，實可怖畏，眷屬之恩怨，害人之深痛，有道之士，可不徹悟厭離，師父對眷屬厭到極點，乃是大智願，徹底覺悟看破，俗情之大害，生死之大苦，業重者，悠悠度日，死又輪迴，大覺者，勇猛精進，直歸淨土。衆生自認念佛無過，爲何師父厭到極點，其不知心是根本，心念一動，爲師徹見，豈容虛僞，心念邪惡，永墮生死，豈容放逸，色身肉體的無常不淨，並不會害人造業，內心貪染的邪惡顚倒，最是臭穢惡毒，口雖念佛，

而心貪不淨，不能了生死。隨緣爲母開示，內心發大覺悟，傳融何等慶幸，念佛光明堅定，生死苦海的浪子，好在有阿彌陀佛的願力接引，否則一切眾生無能出三界，感恩佛陀，阿彌陀佛，阿彌陀佛，阿彌陀佛，彌陀大慈父，實在太慈悲，太偉大了，弟子傳融，至誠的讚嘆！至心的感恩。

問：師父開示無上妙法，深廣博大，眞誠實語，心大歡喜，信願堅定，這惟有出家人才做得到，在家初學，有何方

便？

師示：道在心行，何礙身份，出家在心，不關外相，莫謂光頭袈裟，便是出家，莫謂長髮俗衣，便是在家，成佛大道，乃一切眾生本命大事，不論出家在家，皆應精進念佛，全心向道，出家僧人也一樣，要歷劫苦修，不是每位出家，都能一念清淨。世間的惡濁，人心的是非，眷屬的恩怨，生死之大苦，師父已徹底覺悟，徹底看破，厭到極點，全心向佛，一心求

道，故師父一切開示，都是眞修實證，清淨解脫，光明大道。若無出世道心，就不要出家，出家大丈夫，誓必要有一番生死功夫，大作爲，志可翻江海，願可動天地，豈可放逸，豈可戲言。初學弟子，先將五戒守好，每日用功念佛，不可食眾生肉，一定要素食，一切都要清淨。

問：請示師父，要不要誦彌陀經，往生咒。

師示：一心念佛，專念一句阿彌陀佛，若有

疑惑，可參研經典，破疑生信後，即提起佛號，專精念佛。師父行住坐臥，一切時中，惟專精念一句阿彌陀佛。

問：請示師父，爲什麼會有因果？

師示：世出世法，一切事理，皆不離因果，吃飯是因，肚飽是果，種瓜是因，得瓜是果，布施利人是因，得福安樂是果，罵人害人是因，惡報病苦是果，念佛淨心是因，成佛解脫是果，乃至你現前讀書聞法是因，知書達禮，明信因果，念佛生西是果。

問：學佛多年，只是跟人團團轉，今閱師父淨土心要，見師專修淨土，堅定深入，法喜充滿，特來求見，請示師父修行之道。

師示：時處末世，明師難逢，障礙重重，古人修道，明師善友，山林水下，寧靜清閒，助緣殊勝，道業易進。今人修行，邪師惡友，都市喧鬧，工業煩忙，障緣擾心，眼見耳聞，盡是聲色名利，攀求妄動，空談不修，有福無

阿彌陀佛

慧，只求世學，不求解脫，若無深厚道力，堅定信願，實難一塵不染，有心求道之士，應效古德，放下名利，依智，依法，精進念佛，求生淨土，才是光明穩當。

問：念佛人，證入理一心念佛三昧，念到心空佛亦亡，頓悟無生法忍，還要念佛生西否？

師示：佛性清淨，一塵不染，一法不住，光明自在，住有住空，皆是凡情妄執，空有不住，才是聖智佛心，空而不空，亡而不亡，心空佛亡，正是破執顯性，離相無住，無心是眞心，無佛是眞佛，心空佛亡，光明自在，正好清淨念佛，求生西方。空亡之境，乃無住眞心，非滅境取心，妙有即是眞空，眞空豈礙妙有，念佛念到心空佛亡，頓破妄執，徹見清淨法身，而不礙彌陀報化身，悟無生忍，無智無得，徹見惟心淨土，而不礙西方極樂佛土，無住不礙生心，生心即是無住，才是事理圓融，空有一如的大自

阿彌陀佛

在光景。色即是空，空即是色，色不異空，空不異色，正是心空佛亡，無住自在的大解脫境界。觀境空時，心亦空，覺心照境，境如夢，一切色心萬法，皆是眾緣假合之幻相，虛妄無常，故曰空，萬法性空無住，而能隨緣生萬相，起妙用，空而不空，故曰色，生即無生，色之當體即是空，故曰色不異空，無生而生，空之當體即是色，故曰空不異色，迷者執相不見性，妄執顛倒，不得自在，覺者離相

見性，無住無染，光明解脫，心空佛亡，而念佛生西，正是隨自性本空，而能生萬法之緣，從體起用，念佛求生。諸法如如，雖終日不生不滅，而終日生生滅滅，如眾生終日談空，而眼前苦樂萬境，一切皆有，如眾生不信因果，而造惡業難逃地獄報，如眾生不願生淨土，而死後還生惡濁世，有心必有境，有死必有生，任你如何談空說妙，福勢如山，死後依然輪迴六道，造業受苦，善惡因果，如影隨

阿彌陀佛

形，絲毫不差，惟有念佛，求生淨土，永不退轉，成究竟佛，徹證佛心，才能於生滅萬法中，得大自在。

◎如來說法，一代時教，不出善惡因果，空有理事，如是真理，清淨常住，如如不動，不關你信與不信，你信也是因果，不信也是因果，你談空依然不空，不空本來是空，就看自己有沒有由真修實證中，去覺悟生死苦，去親證涅槃心。真心念佛，證理一心者，雖因果歷然，不造惡業，自然安樂自在，雖悟諸法空，稱性起修，念佛生西，自然得大受用，這就是佛法理事圓融，空有無礙，因果歷然，修證解脫，心生萬法，性具法界的道理。

問：師父雖然極力弘揚淨土，對各宗教義，都圓信無礙？

師示：佛說一切法門，本自圓融無礙，各宗教義，在下手善巧方便，似有不同，但根本道理與成就解脫都一樣，至於迷悟之不同，獲益之大小，乃是眾生根機，利鈍有別，決非法門有高下之異，若上根利智，無論念佛修觀，把

阿彌陀佛

功夫用到全心投入，制心一處，功純力極，都能明心見性，若鈍根無智，無論念佛參究，半信半疑，懈怠不精，修行一生，都不得解脫，智者念佛，一信一切信，悟法平等，圓融自在。淨土法門，爲勝妙方便，是仗佛願力，往生佛土，一生解脫，永出生死，而其他法門，都要靠自力，長劫苦修，斷惑證眞，方了生死，末世眾生，業重根鈍，連見道明心，都難如登天，欲在短暫的人生，生死的險路中，斷惑自了，實不可能，惟有仗佛願力，求生淨土，一生佛土，助緣淨妙，永不退轉，直成佛道。所以師父極力弘揚淨土，極力勸人念佛，求生淨土，其實念佛，只是外相，下手權巧，而念佛內智之眞理，實是統攝一代時敎，總持一切法義，這就決不是淺信雜修，初學無智之輩所能測度，念佛內智，全在清淨覺照，無住無相，心佛一如，光明自在。修淨土者：單提一句阿彌陀佛，只要念佛就

阿彌陀佛

好，是指行門專精，一門深入，全心投入，制心一處的功夫，修淨土者：應深入經藏，廣修六度，發菩提心，自度度人，廣參多聞，千磨萬鍊，是指解門助行，具足萬法，解行相應，圓融無礙，福慧雙修。念佛人，若解門不深不圓，則易爲邪説所惑，信願不堅，念佛人，若行門不精不專，則難證念佛三昧，不得實益。惟有大開圓解，廣結善緣，六度齊修，萬行具足，千磨萬鍊，勇猛精進，善根成熟

全心投入，業消智朗，信願堅定，才能一念覺悟，萬法歸心，一念單提，光明不動，明心見性，大徹大悟，此時才算是眞心念佛人。那裡像現世的業重眾生，手持念珠，到處攀緣，説人是非造口業，口裡念佛，心貪眷屬，邪惡顛倒染自心，淺信雜修，不明教義，散心閒話，覺照全無，念佛雖是易行道，仍然要痛下苦心，精進用功，萬修萬人去的淨土法門，也要眞信切願，正念分明，才能蒙佛接

阿彌陀佛

引，清淨安樂，永不退轉的極樂淨土，也要具足多善根福德因緣，這一切的往生正因，淨土資糧，都要在平日精進念佛，刻苦修行，千磨萬鍊，一心向道，才能與淨土相應。生死事大，無常迅速，豈可放逸。當勤精進，一心念佛，求生淨土。

◎末法修行，邪說橫流，眾生業重，明師難逢，邪師惑眾，惡友障道，聲色擾心，要堅定念佛心最爲不易，你跟人裝威儀，攀俗緣，求世學，貪名利，做法會，辦慈濟，講經說法，修福顛倒，人人都會讚嘆你很慈悲，有修行，福報大，有學問，甚至誤以爲你是高僧，大法師。但你若放下萬緣，一心念佛，厭離世間，求生淨土，多數愚人都會取笑你，誹謗你，自了漢，逃避現實，奇僧怪物，冷眼相看，故現世出家人多，而眞心念佛修道者甚稀少，無常一到，一氣不來，生死海中，病死痛苦之時，看他們還敢不敢說，面對現實，這時一切名利學問，財勢恩情，還歸幻滅，各奔前程，一切如昨夢，誰也救不了他。

阿彌陀佛

世間無常，生死極苦，時時覺悟，時時厭離，遠離邪師惡友，常閱佛經祖語，堅定念佛信心，惟有大智大願，光明解脫，才有本事面對現實生滅萬境，而念佛心光明自在，直往西方。

◎念佛人，對於淨土宗的信願行三資糧，要有深入精細的體悟，古德開示，眞信切願之理，更要深明精要，不可含糊，所謂眞信—淺者：指至心信樂，深信西方極樂世界，清淨安樂，深者：指圓信眞心，一法融通一切法，深信心淨土淨，是心是佛，

是心作佛，念佛心即是佛，以理證事，由事顯理，心佛一如，如如不動。所謂切願—淺者：指知苦念佛，念念厭離世間苦，心心求願往西方，深者：指覺悟放下，看破諸法如夢幻，恩情名利總歸空，清淨無住，觀心不動，知苦斷惑，全心向佛，隨順法性，依理覺照，萬境空寂，心歸淨土。淺者：由事相上做到知苦離苦，厭離濁世，求生西方，深者：由理觀上做到覺悟看破，厭到極點，如如不動。惟有從勇猛念佛，千磨萬鍊中，眞正覺悟世間苦，

阿彌陀佛

眞實厭離放下，才能達到眞信切願，眞誠念佛的道心。念佛人，若是淺信根鈍，少善根，對五濁惡世，五欲俗情，有絲毫貪染，就不可能做到信願眞切，如今師父已指出煩惱根源，問題所在，念佛人，口念心亂，信願不堅的蓮友，應知如何精進了。一念顚倒貪染，爲俗情所累，就是生死輪迴，受無量苦，一念覺悟放下，厭到極點，信願眞切，才是能成就淨業，往生淨土，受大安樂。這就是淨土心要，修行宗綱，念佛的心地功夫。

◎念佛人，對淨念相續，攝心不動的理法，也要深入體悟，出家眞佛子，志出生死，精修佛道，當全心投入，勇猛精進。所謂淨念相續：是指一切時中，行住坐臥，隨時隨地，都要全心內照，身無俗緣，心無雜念，全心向佛，一心求道，功夫綿密，無間無斷，如此，才能將念佛功夫，用到心地上，所以愈是勇猛精進的大修行，其外表修行，就愈清閒，愈自在，因爲智者的覺照功夫，已經深入到淨念相續，心無間斷，全心投入，不雜不亂的定慧圓明境界。迷者修身，智者修心，鈍根人，外表看似精進，而內心實是懈怠不淨，利根人，外相看似清閒無事，而內心實是精進綿密，一塵不染。外表身口粗相，凡夫肉眼可見，內智心地覺照細行，惟聖心慧眼方知。

◎看過師父的淨土心要，必能深切體悟，不到心空一切，實修親證功夫，是絕對提不起一句阿彌陀佛，不到善根成熟，厭到極點，是絕做不到萬境空寂，全心是佛，不到多善根福德，是絕不可能眞信切願，行

善念佛，不造眾業，不到善根深厚，信願堅定，是決無本事一聞深信，眞誠念佛，是以念佛之人，一定要深入經藏，廣研教海，參訪善知識，破除疑網，圓解深信，智慧光明，一門深入，勇猛精進，放下萬緣，刻苦念佛，千磨萬鍊，斷除習氣，才能堅定道心，成就淨業，念佛心，才能達到光明不動境界。若是初修無慧力，也應依止淨宗善知識，依教奉行，老實念佛，長養善根。可見淨土法門之圓頓廣大，不可思議，世人輕視淨土者，實是門外妄

測，愚昧無知之徒。

◎世人常論淨土爲易行道，故都懈怠放逸，以爲散心念念，就想往生淨土，不肯下一番生死功夫，念佛一生，依舊散亂，空過一生，死又輪迴，事實如此，不可迷糊。所謂易行道：是指佛力加被，佛願接引，一生了生死，往生成佛道，但要感應佛來接引，須念到一心不亂，欲念到一心不亂，須眞信切願，放下塵勞，念佛看似易修，放下最是難行，若念佛多年，功夫不精，就是少善根，若一聞深信，念佛不

阿彌陀佛

退，就是多善根，若深信圓解，念佛心空，就是大善根，故祖師大德，一再開示，萬緣放下，就是念佛的心宗，來見師父請法的蓮友，最常問，最普遍的問題，就是念佛心散亂，正如家慈，念佛一生，依舊散亂貪染，造業顛倒，這就是惡業障聖道，俗情染佛心，口念心不念，悠悠度一生，這就是少善根，業障重，如是口念心染，只能種善根，不能生佛土，欲生淨土，須多善根、福德，所謂多善根：是一聞淨土，深信不疑，厭離世間，求生淨土，一生念佛，不退不亂，臨終正念，心不顛倒，蒙佛接引，往生西方。念佛人，一定要做到覺悟世間無常，看破俗情，放下一切，心如虛空，一塵不染，才能提起正念，念佛生西，先成就心力，才能感應佛力，這就是淨土法門，易行中之難行，末世眾生，根機太鈍，很難做到心力放下功德，故念佛人多，往生稀少。

◎論口念一句阿彌陀佛，聞者皆視同愚行淺近，不加深思，不肯用功，不肯信受，論心念放下萬緣，覺照看破，聞者必定視如

阿彌陀佛

登天，無從下手，難以想像，不可思議，所以學佛念佛，應深入經藏，請示智者，不可人言亦言，毫無主見，妄測不智。五欲六塵，俗情執見，有一毫放不下，就決提不起正念，一心念佛。有心求道生西之士，應從覺悟看破的心地上，痛下千磨萬鍊的生死功夫，有疑就要破，疑不斷，則信願無以堅定，有境就要照，境不照，無以淨自心。斷疑生信之法，必須深入教海，融通法義，照境立願之道，必須寧靜觀心，全心投入，信到萬法歸心，才算信

阿彌陀佛

心不逆，願到心歸淨土，才算願力不動，照到心空見性，才算行持專精，這全都是淨土法門的心地念佛功夫，誰敢說念佛容易，誰敢說淨土淺近。世上凡夫眾生，連俗情我見，名利人我都放不下，論教義，也沒有大開圓解，如何能提得起重如虛空，深似大海的阿彌陀佛，空談妄想，不切實修，莫怪乎虛度一生，死又輪迴。

◎有解無行，則空談無用，有行無解，則盲修無益，有解有行，則愈談愈明，愈行愈精，以解導行，以行證解，解愈深，行愈

精，行愈精，解愈圓，解行相應，勇猛無比。遇少善根者，師父惟授以行善念佛，種善根，遇多善根者，師父即授以厭離世間，一心念佛生淨土，遇大善根智者，師父教以覺悟無常，心空一切，圓解深信，全心投入，心佛一如，直歸淨土，法無高下，深淺在心。

◎不論念佛參禪，能否開悟見性，就看行者，是否眞實萬緣放下，功夫純精，全心投入，制心一處，若眞放下，制心一處，日久功深，山窮水盡，必定得禪定，開智

慧，難就難在，萬緣放下。所謂萬緣放下：是指財色名食睡，色聲香味觸法，親眷俗情，世學技藝，邪見我見，善惡人天，人事應酬，作務生活，乃至禮讚唱誦，讀經研教，威儀講說，燒香拜佛，早晚殿課，誹讚人我，身心內外，生命衣食，一切緣境，都要徹底放下，放到一塵不染，放到寸絲不掛，二六時中，行住坐臥，單單提起一句阿彌陀佛，空寂寂，光耀耀，正念分明，淨念相續，功夫至此，才算萬緣放下，一心不亂，這又全都是淨土法門的心地念佛功夫，誰敢說念佛容易，誰敢謗淨土淺近，凡愚門外漢，豈知佛境界。這就是行起解絕，全心投入的剋期修證功夫，直至心空見性，大徹大悟之後，再回過頭來，稱性起修，看經研教，啓差別智，燒香拜佛，證涅槃心，廣修六度，福慧圓滿，成究竟佛，廣度眾生，清閒念佛，求生淨土，事理圓融，性修不二，隨緣度日，一心念佛，功夫至此，才算是眞心自在的念佛人。

◎明心見性，已是理一心念佛三昧的深行難

阿彌陀佛

信功夫，大悟親證之後的從體起用，長養聖胎，歷境驗心，斷除餘習，歷緣磨鍊，斷惑證眞，更是艱苦難行，細微難思，斷見惑如破石，斷思惑如截流，可見悟後修行之艱難，明此理者，必定仗佛願力，求生淨土，永不退轉，最爲穩當。見性開悟，斷了見惑之後，就有慧力，漸斷煩惱，漸證法身，對境一照即空，一轉即了不可得，心行光明，八風不動，隨緣自在，直往西方。悟後念佛，如識途老馬，直路歸家，不會走錯路，所以修行最要先

開智慧，得正見，修行才能明理。破戒惡行，粗顯可見，只會害己，不會誤人，邪見顛倒，細理難知，最易害人，誤人子弟，誤導眾生，斷人慧命，所以眾生懈怠造業，師雖遠離，心有悔過，還慈悲開示，但邪見眾生不信正法，師父最是厭到極點，徹底遠離。

◎師父爲徹顯淨土之勝妙圓頓，念佛功德之光明智慧，故淨土心要開示錄中，在在顯示智觀慧行，厭到極點的智慧，覺悟放下的功夫，全心投入的善根，心空一切的心

境，但這都是上根利智，大修行人才做得到，這都是大徹大悟的理一心念佛三昧境界，全是心佛一如，是心是佛的實相念佛功夫，使念佛蓮友對淨土法門有深入的明瞭，念佛法門，是三根普被，有深有淺，念佛功德，是利鈍悲攝，有漸有頓，念佛雖是簡便易行，亦決不可放逸閒視，不論利鈍智愚，都要精進用功，一心念佛，往生淨土，最基本也要具足信願行，多善根，這殊勝穩當的佛力接引，對業重貪染的末世眾生，還是難信難行，連信願都不

堅定，更別談覺悟放下禪定智慧，想解脫，就惟有一心念佛，根機鈍者也莫心煩，莫心急，修行要中道，只要知苦斷集，老實念佛，長養善根，一生念佛，精進不退，眞有信願，決定生西，縱無上品，亦有中下，此乃彌陀之悲願，淨土之殊勝，行者當深信勿疑。末法億億人修行，罕一得道，惟依念佛，得度生死，現世眾生，業重根鈍，連見道開智慧都不可能，更別論了生死，若不信佛力，發願生西，則一切眾生，無一人能了生死，學佛

阿彌陀佛

宗旨，全爲了生死，離苦得樂，否則一切道理，皆成戲論空談。師父出家念佛貳拾餘載，細觀不信淨土眾生，實是業障深重，沒有出世道心，無智蓮友受其邪見所惑，壞失信願，信願堅定，善根深厚的蓮友，根本就不爲所動，可見疑者疑自心，謗者污自性，清淨佛法，如如不動矣。業重愚痴眾生，沒眞道心，沒有覺悟生死苦，不知厭離濁世，故不信佛法，不願生淨土，有善根，有道心，有覺悟生死苦，必定深信佛法，一心念佛，求生淨土。師父慈悲開示，誠心誠意讚嘆念佛功德，苦口悲心勸導弟子蓮友，圓解三藏教義，抉擇修行明路，堅定念佛信願，念佛同生西方。

問：師父念佛，有沒有用念珠，用何種念珠較好。

師示：念珠有很殊勝的助念功德，師父初出家時，是用自種的草菩提念珠，六十四年起，用星月菩提念珠，自出家後，至剋期之間，都有用念珠念佛，但師父是喜歡掐念珠，手持念珠心特

歡喜，不是用來計數，所以師父掐珠，速度極快，而念佛，則隨心自在，快慢自如，只要看到念珠，就法喜充滿。自七十四年剋期念佛後，不再掐珠，全心內照，念珠只掛在身上，或放在身邊，八十一年後，因星月菩提不掐會壞，但又極愛念珠，故選用琥珀念珠，清閒念佛。初學蓮友，選用星月菩提念珠，最殊勝安穩。

問：師父平日念佛，有無定課禮誦，如何

阿彌陀佛

調節？

師示：每日清晨三點半起床，盥洗後，向西修十念法念佛，燒香發願，供佛後禮佛一拜，靜坐念佛，運動調身，早餐後，經行念佛，午餐後，經行念佛，午休養神後，靜坐念佛，晚間養息前，看經經行念佛，上香供佛發願後，禮佛一拜，向西修十念法念佛，八點多養息。自七十四年剋期念佛以來，都如是專精念佛，全心向佛，一心求道，別無他事。

◎昔日為剋期取證，捨盡一切，清淨念佛，剋期圓滿後，慢慢將衣食生活，調回正常，這段歷程最為艱苦，天天求佛加被，無論如何艱苦，深信佛力光明，一定會走過來，一定會安穩清閒，直往西方，傳融一生念佛，經歷過難以想像的艱苦歷鍊，經歷過不知有生，不知有死的剋期念佛，對阿彌陀佛的大悲願力，已到全心納受之境，由傳融的全心向佛，一心求道，感應彌陀的大智大願，慈悲攝受，修行道上，一路光明，如願成就，弟子對阿彌陀佛的

感恩之心，已無以能表，兩年前，將常住及護法會所有淨資，及所有誠心弟子的隨喜供養資金，全數捨盡，請念珠供佛，至誠供養西方教主阿彌陀佛，至心讚嘆念佛功德，至誠微表感恩佛陀之心，佛恩廣大，念佛光明，我們師徒蓮友，十方念佛蓮友，時時都應深念佛恩，感佛恩德，佛陀成就極樂淨土，接引我們去西方淨土修行成佛，實在慈悲偉大，實在讚嘆不盡。我們信願堅定，一心念佛，臨終同生西方，面奉大慈尊，一定要好好至心的頂禮阿彌陀佛，也一定要去好好的頂禮本師釋迦牟尼佛，至心感恩教主慈悲，開示我們念佛生西的解脫明路，阿彌陀佛，阿彌陀佛，世間實在太苦了，惟有西方清淨安樂，我們眞是苦海中的幸運兒，得聞淨土，念佛歸西，今生就要往西方，了生死了，大解脫了，好可貴，太可貴了，阿彌陀佛，阿彌陀佛，阿彌陀佛。

問：弟子很想念師父，可否見師，有出家蓮友欲親近師父，可否掛單，可否用電話請法。

師示：靈源寺為專修淨土之清修道場，為了精進念佛，平日都不開緣，不可掛單，惟每年農曆十一月初一至初七，佛七共修有開緣，七日佛七共修，四眾皆可掛單，平日蓮友欲見師請法，須當天來回，而且最好於早上見師，午後師父要全心投入，念佛靜坐，師父自剋期以來，不再接電話，有事由弟子轉答。

問：師父念佛，堅定光明，世間萬境都不動師心，師父也很少下山。

阿彌陀佛

師示：世間無常，一切都看破了，自然如如不動，昔日剋期後的六年中，經常下山，借境鍊心，調和衣食日用，除了念珠衣物日用，是助道淨緣，要調安穩，其他一切借境鍊心之物，鍊光明後，即捨盡，現在念佛心，妙用安穩，就很少下山，每天清閒念佛，法喜光明，直往西方。有時也會下山走走，歷境驗心，借境磨鍊，斷除習氣，長養定慧，古德大悟後，深入紅塵，對境歷鍊，正是在做斷除習氣功

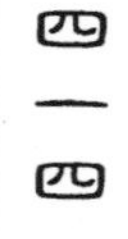

夫，心能轉境，物不礙心，動靜一如，光明自在。

問：請示師父：不念自念與無念而念，其義爲何？

師示：行者善根成熟，信願眞切，精進念佛，厭離塵勞，全心向佛，生者轉熟，熟者轉生，正念分明，不雜不亂，佛號歷歷不斷，妄想無從生起，不須刻意用力，自然佛念綿綿，隨緣生活作務，事畢自然念佛，功夫至此，念佛信願堅定，不受六塵萬境所

阿彌陀佛

動亂，就是不念自念的事一心念佛三昧境界。行者善根深厚，信願光明，勇猛精進，厭到極點，全心是佛，心空一切，全心投入，開悟見性，心佛一如，一切時中，光明自在，事理圓融，全歸中道，功夫至此，定慧圓明，如如不動，就是無念而念，理一心念佛三昧境界。

問：佛七共修與獨自剋期，何者爲勝？

師示：初學根鈍，容易懈怠，佛七依眾念佛，可對治懈怠，但共修人多吵雜，

無法達到全心投入功夫，若信願堅定，教理通達，應獨自剋期，放下一切，全心投入，才會成就，因爲共修中的過堂搭衣，隨眾出入，都屬分心雜亂，既是剋期精進，就一定要做到萬緣俱寂，全心投入功夫，若有絲毫分心雜緣，就不能制心一境，但獨自剋期，要有蓮友護持，衣食生活安穩，才能絕諸緣務，全神貫注，剋期取證的心地放下功夫，與內護外護的助緣，和長年精進歷鍊研教的前方便

阿彌陀佛

準備功夫，都極細微艱苦，眞正要有深厚的善根道力，大死一番的放下功夫，圓解無礙的智慧願力，否則不是徒勞其身，便是死坐妄想，現世眾生，眞具有剋期能力者，甚稀少，只能在平日念佛或共修中，長養善根，若有機緣，可暫放緣務，專心念佛，如現世佛七，共修會皆是，但依獨自在家，專心念佛爲勝，這些只是增長念佛時間，還談不上剋期取證，但雖是漸修歷程，亦決定功不唐捐。淨土

阿彌陀佛

法門，重在信願，只要信佛力，願往生，雖念佛功夫不深，臨終不亂，亦得生西，而又不可視爲簡單，心放逸，一定要終生精進一心念佛，才是穩當。

問：平日念佛專持佛號，是否要觀想？

師示：早晚發願迴向時，可觀想佛來接引，但勿勉強，若觀不成即勿觀，誠心切願，向佛發願即可，平時二六時中，應單提佛號，一心持名念佛，念佛貴在攝心切念，攝心之法，貴在厭離生

阿彌陀佛

死，放下塵勞，心若貪染，欲攝莫由，心不攀求，自然攝心不動，貪欲愈多，妄想愈多，心無貪欲，妄念即轉爲眞心，妄心眞心，同體無二，對境心迷，全眞是妄，對境心覺，全妄是眞，照見一切皆空，眞妄皆同夢幻，無住無所不住，才是大解脫自在。若要念佛不起妄想，全看自己善根力，放下功夫，放得下，才能提起正念念佛，放不下，就不能提起正念念佛，全在心地，放下功夫，一絲一

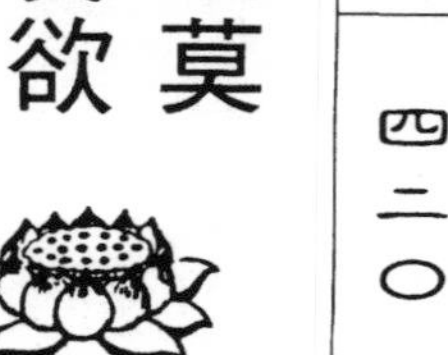

毫，虛僞不得，欲斷妄想，惟有放下貪欲，心無所求，自然光明自在，厭離塵勞，自然心歸淨土。

問：師父長年獨修，默默念佛，不閒話，不多講，好清淨。

師示：念佛修道人，要時時觀照自心，守護三業，尤其是口業，最易造業，也最惡毒，學佛有點善心者，決不可能犯殺生偷盜邪淫，但天下眾生，最易說人是非，造惡業，誹謗道人，跟邪說害人一樣，足以壞人善根，斷人慧

阿彌陀佛

命，最是罪過，所以師父開示弟子，當觀自心，莫說人非，心無智力，亦當存善，不能證三昧生上品，亦當修善行生中下，若連行善念佛都做不到，就不得生西，縱使下品惡人，亦須極力懺悔，罪滅誠應，方能往生，眾生皆是凡夫，誰能無過，三世諸佛亦由凡人漸修而成正覺，明瞭此理，自不妄謗，惟淨自心，才是解脫之道。

問：師父大悲願力，苦心悲切的開示，弟

師示：子如獲至寶，歡喜堅定，一心念佛。師父淨土心要中一切的開示，全是師父一生念佛，覺照法語，放下功夫，看破的慧力，堅定的眞理，念佛人，若無深厚善根慧力，深入教海，圓融貫徹，大開圓解，信願力就不能堅定光明。末世眾生，業障太重，善根太淺，沒有出世道心，論解門：只是死記名相，窮鑽文字，心思顚倒，智慧全無，論行門：只是散心外表，有福無慧，偏求人天，不求解脫。如此業

阿彌陀佛

重根鈍，欲修三昧，禪定智慧，實不可能，惟一可修者，只有至心信樂，求生淨土，厭離世間眾苦，一生老實念佛，求生西方，安樂世界，老實善人，雖未證三昧，沒有大智慧，但有善根，願生淨土，一生臨終，隨佛歸西，永不退轉，直至成佛，這是世上只有文字愚學之人，所望塵莫及，若不信佛力，求生淨土，縱使大開圓解，大徹大悟，都不如一個不識字的老太婆，能深信切願，往生淨土，一生成佛，得大解脫，淨土法門之勝妙，全仗阿彌陀佛，本願攝受功德，佛法理論深廣，非凡夫妄想能入，了脫生死，離苦得樂之實益，惟依念佛，求生淨土。己未得度，無力度人，若尚空談，終誤大事，口說度人，心貪名利，顛倒妄想，無眞智慧，即非眞佛子，即非人天師。

◎大徹大悟，雖然光明可貴，往生淨土，才能永不退轉，信佛念佛，全靠宿世修行善根力，文字遊戲，只是現世顛倒想，愚婦

阿彌陀佛

雖不識文字，可用耳根聞妙法，聞而信受是善根，執文不修是業障，信佛念佛，乃清淨善根力，豈是文字妄想所能比，智者依文入觀，親證實相，才是解說明路。

問：念佛人，如何才能懇切至誠。

師示：念佛念心，念心念佛，一切行門，全貴淨心，心念塵勞，即是妄心，心念淨土，即是正念，至誠發自清淨心，心若貪染，欲誠莫由。念佛人，當覺悟世間苦，觀生死眾苦，心生厭離，觀西方安樂，心生欣向，一切時中，寧靜觀照，勿迷勿貪，日久功深，遇境一照即空，心空境寂，光明不動，猛然提起阿彌陀佛，一心清淨，全心是佛，全妄歸眞，徹顯實相，功夫至此，妄想消落即是切，全心向佛即是誠，一心念佛即是切，心佛一如即是誠。世人念佛，心不切不誠，就是口雖念佛，心貪不淨，心若清淨，自然一心念佛，自然懇切至誠。

◎淨土心要，完全是師父一生修行，念佛明路，由不攀緣，不雜話，捨盡財物，遠離眷屬，勤學佛儀，老實念佛，到刻苦鍊心，降伏妄習，深入經藏，貫通佛法，放下身心，剋期取證，調和身心，長養定慧，願我臨終，往生淨土，一生念佛，勇猛精進，其中一切的心地功夫—覺悟，看破，厭離，放下，念佛光明，直歸淨土，堅定不移，如如不動。師父念佛一生，最深的體悟，是生死極苦，念佛最光明，明師善友甚難得，堅定信願不容易，世上許多修道人，由於信願不堅定，受人誹謗誤解，即退失道心，同流合污，最明顯的是趕經懺，貪名利，辦慈濟，講經說法，建寺，文學，心一貪染，廣造惡業，這都不是出家道人慧業，只有世福，全無慧行，恩怨是非，不得解脫，使眾生誤解佛法，以爲佛法只是行善修福，沒有智慧解脫。當知佛子四眾，各有所重，在家二眾，爲護法護教，重在福業，隨力念佛，以種出世解脫善根，出家二眾，爲續佛慧命，重在慧行，隨緣說法，以接引有緣眾生。現世眾生，妄動攀緣，雖現僧尼，心不在道，實可憐憫，念佛人，要堅定信願，終

阿彌陀佛

生不受這些邪見邪行所動亂，最不容易，最艱難，淨土心要的宗旨，就是要看破惡濁塵勞，堅定念佛道心。

◎念佛人，要深悟心佛一如的眞理，所謂念佛念心，佛即是心，是指念佛心具足六度萬行，念佛心統攝一切清淨功德，上根利智，念念清淨，念念覺悟，才能於一切順逆境緣中，隨時提起一句阿彌陀佛，佛號一提，光明遍照，智慧一照，萬境空寂，心心是佛，念念在道，一切時中，念念與清淨正覺佛心相應。所謂念心念佛，心即是佛：是指念佛心具足信願行，具足厭離娑婆，求生淨土的佛力功德，智者念佛，通達一代時教，覺悟世間無常，諸法體性平等，佛力廣大勝妙，理雖頓悟，事須漸修，惟仗佛力，最爲穩當。念佛念心者：念佛功夫是以淨心明心爲宗旨，念心念佛者：念佛目標是以求生淨土爲依歸，事修應契實相，理性勿廢事修。

◎傳融開示錄，尊名爲淨土心要，旨在開示蓮友，淨土念佛法門，乃是大智慧，大禪定，大光明，大解脫，大自在的圓頓勝妙

阿彌陀佛

法門，只因眾生根鈍業重，懈怠放逸，故無慧力一探淨土念佛功德，閱過淨土心要，必能頓悟淨土之光明偉大，念佛之大富大貴，彌陀之大智大願，三昧之解脫功德。深者：惟大徹大悟大智慧，方能一念單提，如如不動，全心是佛，自在光明，淺者：雖無定慧，未證三昧，只要深信佛力，切願求生，終生老實念佛，決定往生淨土。一切法門，以明心為宗，一切行門，以淨心為要，淨土念佛法門，更是淨心，明心之最勝妙法門，一句阿彌陀佛，隨時全提即是佛，何等清閒自在，一句阿彌陀佛，智愚童翁都會念，何等殊勝方便，覺者心佛相應，無住無染，徹悟真心，光明自在，迷者心佛感應，有念有功，雖是散念，久成佛種。

◎淨土心要，完全是師父念佛心本願力，真修實證的覺悟智慧，放下的功夫，厭離的光明，看破的自在，念佛的勝妙，生西的安穩。事理一心的禪定智慧，念佛三昧的深行功夫，蓮友雖做不到，也能與師同沐念佛法喜，當蓮友經歷多年的法海尋寶，

阿彌陀佛

法門探覓，再猛然開閱淨土心要，方知生死的彼岸，盡在一句阿彌陀佛，成佛的覺道，全在淨土法門，苦海的依歸，就是彌陀慈父，修道的勝境，惟有極樂世界，教主大悲大智，早就指出了生死成佛道之念佛法門，何以芸芸浪子，不肯直路歸佛家，豈不是業重多疑，聰明自誤。

◎一句阿彌陀佛，全佛即是大覺大智大光明，根鈍無智者，當然無法一念全提，只是口頭念念，長養善根，做爲道種，若業重心亂，貪染情深，無法靜觀自在，正念不動，就應運諸方便，禮佛懺悔，常存恭敬，近善知識，聞法解疑，苦鍊心志，降伏妄心。智者佛法在自心，故能覺照自在，勇猛精進，二六時中，心無間斷，迷者佛法在經藏，故無法觀照自心，無力堅定信願，故需明師善友，時時開導照顧，可見明師善友，何等光明尊貴。念佛生西，可非容易，決不是隨便散心念念，就能感佛接引，弟子業障太重，終日攀緣顛倒，無心向道，都要經歷多年的懺悔，業消誠露，苦極心愧，才能感應師父開示，把滿心的惡習臭穢捨盡，才能深信切願念佛。

問：請師父慈悲開示，師父所修的覺照念佛。

師示：依智慧力，照諸法空，以念佛心，度一切苦，名爲覺照念佛。迷者念佛，求人求境，貪染顛倒，終日苦惱，智者念佛，無住無求，覺悟放下，光明解脫。無論修何法門，到了善根成熟，信願堅定，業消智朗，全心投入，一定會深入禪定，全心內照，念

佛念到一心不亂，正是入定慧照功夫，所謂靜極光通達。初學蓮友，只有口頭外相念佛，淺信心疑，心無正念，常被境轉，妄想紛飛，智者念佛，全在內心覺照觀心，深信切願，正念光明，心能轉境，自在解脫。學佛念佛宗旨，在於斷煩惱得解脫，而一切煩惱，就在根塵相對時，心能轉境即如來，心被境轉是凡夫，念佛三昧功德，當然是對境轉境，斷惑證眞，吾人六根對六塵，隨即生心動念，迷者妄執，造業受苦，智者看破，光明自在，心一對境，根一對塵，就要覺照，境不照不空，不空就不能斷煩惱，煩惱不斷，不得解脫，念佛不怕心對境，只怕無智照不空，念佛念心心是佛，照境空時大解脫。所以師父念佛，全在內心覺照念佛，對境一照即空，心空正好念佛，迷者對境貪染，是在念塵勞，不是在念佛，智者對境心空，才是眞心念佛，師父所修的隨息金剛持法，不動聲色，全心內照，淨念綿密，無間無斷，照中有念，念中有觀，有事有理，有信有願，隨時心空一切，隨時心歸淨土，隨時報盡身亡，隨時佛聖現前接引，阿彌陀佛，吾歸西矣。

問：請示師父：都攝六根，淨念相續，六根如何攝法？

師示：六根主宰在心根，心根不動，則六根齊攝，所謂攝心爲戒，由戒生定，由定發慧。攝心之法，貴在放下萬緣，心不攀求，自然淨念相續，心若攀

緣，妄想不止，世人念佛不得力，一者是心攀塵勞，妄想顛倒，貪染俗情，只爲人忙，一者是教理不明，執著文學，毫無道念，虛求名利，如是我愛我見，障己佛性，斷己慧命，若不徹底看破，徹底放下，永無解脫之日。

問：念佛人，若有罪業過錯，煩惱業習，如何對治。

師示：若是上根利智，深信念佛光明解脫，念佛淨自心，心念懺眾罪，端坐念實

阿彌陀佛

相，慧日消罪業，日久功深，業消智朗，心空見性，得大解脫，往生上品。若是中下根人，業重淺信，無法一念單提，妄想不易降伏，應常拜佛懺悔，求佛加被，依眾念佛，近善知識，聞法修行，若能悟生死苦，欣涅槃樂，至誠懇切，懺悔念佛，終此一生，老實念佛，決定往生淨土，雖品位較低，亦同受安樂，同得解脫，永不退轉，同成佛道。

◎念佛人，每日要用少許時間看教，若每日

阿彌陀佛

念佛十小時，利用十分鐘看教，看教應以事相爲主，空理爲助，事相者：指放下功夫，如祖師高僧之行持道心，念佛往生之先德修行，淨土三經之極樂勝妙，善惡因果之輪迴眾苦，以堅定念佛信願，痛下苦心，精進念佛，力求生西，力求解脫。空理者：指觀照功夫，如心經、金剛經，照見一切皆空，心無所住，諸法如夢的空理，以深明萬法歸心，諸法平等，深入念佛理觀，信願才能達到光明自在，如如不動境界，鈍根雖未能深悟空理，亦須隨力體會，念佛才能入心，修行才有明路，才不易受邪說所惑，才知道佛家富貴。

◎善根道心，實在光明可貴，業障凡心，也眞是黑暗可怕，師父出家時，常住實在太忙，愈做愈顛倒，極想念佛而身不由主，終日做工，如同工人，要念佛都沒時間，出家求道，要全心投入，終日念佛，決非有空念念而已，當時感嘆極深，立志將來要大振宗風，成就自他道業，我佛慈悲，護法威靈，弟子護持，終於如願成就，放下一切，清閒念佛。不料業重弟子，不但

阿彌陀佛

不知珍惜光陰，精進念佛，反而往外攀緣，與俗爲伍，俗情恩怨，不求解脫，自毀聖道，自斷慧命，智者觀之，不由感嘆眾生之業重，佛法之日落，而最慶幸者，還是師父信願堅定，念佛光明，任他如何顛倒造業，輪迴受苦，臭穢不淨，世上恩怨眷屬，傳融早就厭到極點，光明不動，眾生愈顛倒，傳融愈自在，這一切的解脫功德，清涼受用，全是阿彌陀佛的救度深恩，全是釋迦世尊的開示明路，佛陀的偉大悲願，佛法的光明智慧，惟有念佛心切

阿彌陀佛

的傳融，體悟最深，感念最親。娑婆濁世，能有三五位善心蓮友，互相勉勵，同修淨業，傳融即視爲至寶，比生命更可貴，比天地更偉大。世上光頭袈裟，受戒住寺，而心染俗情，無心向道眾生，不知他們出家是否趕時髦，當裝飾，把神聖的出家大事，視同遊樂，觀光放肆，你看眾生，如此不自愛，不信正法，反信邪道，不求解脫，反求名利，不淨自心，反染俗情，莫怪師父終日默默念佛，不願多講，顚倒眾生，連看都不看，閃避都來不及，

阿彌陀佛

實在臭穢恐怖，好在我念佛光明，今生就要歸西了，世間實在太苦，太苦，惟有往生淨土，一切清淨安樂。

◎道場最可貴的是寧靜清閒，惟有在靜極之中，才能不受外境干擾，才能全神貫注，無道者，愈鬧他愈喜歡，有道者，愈靜他愈精進，所以道場蓮友，除共修時出聲念佛外，其他一切時中，都要保持靜默，寧靜觀照，攝心念佛，才能助益禪定，進修道業，更不可散心雜話，空傷天日，雜話與攀緣，最是傷道擾道，不可不戒之，師

父出家，眞心念佛了生死，數十年來，獨來獨往，從不與人閒話攀緣，全副精力，投入念佛，一心生西，力求解脫。冰凍三尺，非一日之寒，師父今日念佛光明堅定，當然是千磨萬鍊，勤苦精進的念佛結晶，奉勸天下蓮友，生死事大，無常迅速，當深信淨土，眞誠念佛，懺悔業障，求生淨土，有過即懺悔，懺悔則清淨，有障惟念佛，念佛則解脫，輪迴眾苦，惟依念佛得度生死，西方明路，別無選擇，惟有求生極樂世界，才是解脫成佛光明大

阿彌陀佛

道。

問：師父開示，一念念佛心，具足六度萬行，這是念佛功深，親證三昧，大徹大悟的念佛人所修深行，初學功淺，實難深入。

師示：一念佛心具萬德，一行三昧攝眾善，當然只有上根利智才做得到，所謂成就淨業，即成就清淨自心之定慧功德，故能淨念不惑，不造眾罪，成就此善淨功德，才堪以往生淨土，薰修佛道，這就叫多善根，多福德，若連淨心，善心的基礎都做不到，就不能往生佛土，因爲極樂淨土雖分九品，品品皆是清淨，下品下生亦須懺罪至誠，一心念佛功德，一心求生淨土，一心厭離眾苦，一心求道不疑，依此至誠念佛心，才能與清淨佛願相應，才能感應佛聖接引。是故初學功淺，業重心亂之輩，應奉持淨戒，力求懺悔，求佛加被，願我業障消除，得見阿彌陀佛。智者念念是佛，清淨覺悟，心行光明，故能統萬法於一念，

阿彌陀佛

攝眾戒於一心，迷者心常顛倒，不淨貪染，懈怠妄執，故應假借方便，持戒苦行，禮佛懺罪，口勿妄言，心莫計較，守護三業，莫説人非，慈心勿瞋，廣結善緣，但能改惡修善，誠心念佛，必獲諸佛加被，必得龍天護持，弟子初學無智，雖未能至心入道，一心不亂，但能老實念佛，力求懺悔，誠心護持師父念佛，成就自他淨業，亦不愧爲善心蓮友，不違出家志願，若能畢命不退，決定同生淨土。難就難在誠心，難在長遠心，出家幾年假精進，天下凡夫都可行，但要終生精進，信願堅定，勇猛不退，就只有多善根，大智慧才做得到，出家決非兒戲，念佛實非容易，現世眾生不明出家眞義，以爲出家只是遊樂好玩，輕易隨便就光頭袈裟，結果不待數年的假用功，學唱誦，成爲佛門中的名利之徒，什麼貪染惡習都有，如何能進修清淨佛法。師父出家，眞心念佛，一心求道，刻苦實修，千磨萬鍊，所以淨土心要完全是眞實覺悟世間苦海，眞實厭離恩怨眷屬，眞實放下五欲塵勞，以眞信切願，老實念佛，不攀緣，不雜話，磨鍊習氣，懺悔業障爲下手方便，以深信切願，眞心念佛，放下萬緣，全心投入，禁語剋期，誓證念佛三昧，決定往生淨土爲究竟解脫。淨土心要，全是放下的功夫，實修的利益，念佛的功德，淨土的勝妙，全是師父一生念佛，所經歷的眞理內照功夫，與歷鍊的外相助

行。理不明，不能堅信願，事不鍊，無以啓定慧，理可導行，行可證理，解行至極，頓悟實相。念佛法門，論其行，則單提一句阿彌陀佛，論其解，則非窮極敎海，不能深信佛力，論其淺，則愚婦孩童都會念，論其深，則非大徹大悟大智慧，不能全提。故知彌陀淨土，念佛法門，上可度大智大願之深行菩薩，常親彌陀，早成正覺，下可度愚夫愚婦之善心眾生，安居蓮邦，即生解脫。若不深入

阿彌陀佛

經藏，那知極樂淨土，是聖凡之依歸，若非具多善根，那能眞信切願，念佛求生淨土，此理甚明，何須多疑，此行穩當，更無他路。

◎禪門之空理，念佛之實相，貴在眞修實悟，不可空談妄測，方便雖異，歸元無二，參禪參到狂心頓歇，歇即菩提，菩提正覺，即是實相眞空，念佛念到心空佛亡，佛亡即實相法身，法身空相，即是實相眞身，禪與淨土，參與念佛，皆由事修，而悟空理，理即是事，空即是色，事修功夫用到極處，心空佛亡，即顯眞空，生滅萬象，當體本空，觀照功夫照到極處，狂心頓歇，即顯無生。故知持名當體，即是實相，實相無相，不離持名，由事證理，理不礙事，持名持至心空，即是實相，實相不礙持名，正是持名實相。是故淨土心要，重在專精事修，事修至極，一心不昧，必可達理，猶如浪子，直路歸家，行萬里路，終至家門，登堂入室，親見爹娘，頓見家裡寶藏，浪子變佛子，妄心成妙智。

◎念佛之法，不論大聲念，小聲念，金剛念，隨息念，默念，都應以攝心靜聽爲要，念不攝則亂，聽不靜則散。

◎自古念佛人，各有巧妙，各有心得，但依念得專精，念得光明，念得法喜，念得自在爲功，隨人得宜，隨心自在。

◎念珠功德殊勝，初學未定，應常用念珠念佛，盡可做到，珠不離手，佛不離心，防止失念，避免懈怠。

◎念佛修道，貴於靜思反觀，道人應常獨靜，念佛看敎，精進辦道，不可攀緣雜話，不可出聲擾人。

問：進修三昧，是否一定要修般舟三昧。

師示：進修剋期，誓證三昧，三昧貴在，萬緣放下，全心投入，專精念佛，不雜不亂，或是常行，或是常坐，或是半行半坐，隨己調停，安穩自在，重在淨念相續，不可死執外相，無論修何三昧，最要眞實放下，專精不二，才會有成就。

◎剋期進修三昧，應以一心求生淨土，切願死心念佛，淨念相續，全心極力念彌陀爲

最要，萬不可希求聖境感應，不可心急雜亂，若能眞爲了生死，眞實放下，眞誠念佛，一心求道，決定蒙佛加被，一路光明安穩，直往西方。但若非善根成熟，智願廣大，實難做到，萬緣空寂，一念單提功夫，大多蓮友，還是雜修心亂，沒有做到專精不二，身心放下的標準，故雖名精進佛七，實乃懈怠妄想。若眞生死心切，智觀明照，眞心念佛，萬境空寂，則一念放下，即證三昧，一心不亂，何須七日，何待一天。

問：請師父慈悲開示，人生在世，若受到重大的打擊，極大的痛苦，如何才能使心寧平靜，如可才能解脫。

師示：我們學佛念佛，就是要覺悟世間苦，凡夫所終日貪求的五欲俗情，究竟是幻化無常，污濁不淨，生老病死，生離死別，夢幻不實，眾苦逼身，惟有念佛大智慧，才能覺悟看破，眞能覺悟世間是苦海，眞能看破五欲是無常不淨，眷屬是恩怨是非，雖然是一起生活，相依爲命，而智照光明，時時

阿彌陀佛

厭離，心無貪染，即得解脫。最光明可貴者，就是要有念佛生西之明路，若是顛倒不淨之眷屬，當徹底厭離，徹底放下，若是志同道合之眷屬，更可互相勉勵照顧，同修淨業，同生淨土，極樂世界才是我們安樂的家鄉，念佛同生西方，才能同得解脫，永不分離。惟有光明清淨的智慧，才能徹底覺悟世間無常，惟有堅定不移的信心願力，才能念佛生西得大解脫，有道心，想解脫，就要極力念佛，求生

淨土，若沒善根，不覺悟，不想解脫，那就一切免談，講什麼都沒有用。千幸萬幸，我們師徒蓮友，深信佛力，念佛光明，看破世間，同修淨業，今生就要同生西方了，大解脫，大自在，往生成佛了。願此淨土心要，堅定念佛信願，願與天下善心蓮友，同生西方，同成佛道，同度眾生，同圓菩提。阿彌陀佛，阿彌陀佛，阿彌陀佛，阿彌陀佛，阿彌陀佛，阿彌陀佛，佛來接引，我歸西

了，阿彌陀佛。

◎◎最後開示—印贈功德力◎◎

◎淨土心要是傳融本願，也是彌陀本願，爲相應師父一捨即空，無住無求的念佛心本願力，所有發起者及所有助印布施結緣者，全部不印姓名，不求一切，惟求淨土，捨財求道，捨身求法。

◎金剛經云：若欲莊嚴淨土者，念佛心空，光明不動，是名莊嚴淨土，師父念佛心本願力，是要接引念佛人同生西方，一定要學師父，厭離世間，捨盡一切，不住於相，眞心極力念彌陀，生淨土。

阿彌陀佛

◎眞心求道的念佛人，一定要心空一切，直求淨土，心無一物，無住無染，才能成就淨業，決定往生。

◎淨土者：即是清淨心；心要者：即是智慧力，念佛人，修一切善業，福業一定要與清淨智慧，無住無染相應，才能莊嚴淨土，趣入實相。

◎念佛人，若欲供養佛，讚嘆佛功德，一定要放下身心，一塵不染，眞心念佛，往生成佛，才是眞精進，眞智慧，才是眞供養佛。

◎慈悲爲懷常接引，平等爲心恆自在。

爲求佛道放下身心，爲度眾生不顧一切。

◎即刻放下一切，全心投入彌陀願海。

◎當下提起念佛，一心歸向極樂淨土。

阿彌陀佛，阿彌陀佛，阿彌陀佛，阿彌陀佛，阿彌陀佛

阿彌陀佛 

◎◎淨土心要—流通因緣—

◎淨土心要原是師父受持覺照之用，由於字字眞語實語，句句本願流露，傳融念佛心無所求，不須花言巧語，眾生沒道心，決不當面開示，但師父遇境事後都會全心內照，發大覺悟，發大誓願，大聲念佛，厲聲喝罵顚倒眾生，臭的就是臭，愚痴就是愚痴，徹底厭離，一照即空，光明自在。如是自性流露的念佛心本願力，怕眾生不夠誠心，納受不了，所以不想流通世面，只用影印數十份，有緣蓮友，相互勉勵。

阿彌陀佛

◎今由蓮友誠心請法，發起恭印，流通受持，廣利眾生，同生淨土，佛法廣大，不無方便，既有誠心有緣，師父當然會慈悲接引，同沐法喜，同生西方。

◎淨土心要是師父念佛心本願力，是一切念佛人的西方光明大道，一切排印設計，全是師父全心投入精心莊嚴，一定要用最好的厚紙，精美莊嚴，見者歡喜，終生受持，堅定念佛。但因師父安貧守道，經費有限，印量不多，數百本供不應求，師父已全力設計排印出版，往後流通功德就要

阿彌陀佛

由護法蓮友們去發起恭印了。

◎佛法本來就很平常，道人本來就很平凡，當你遇到苦逆煩惱，痛不欲生之時，猛然開閱淨土心要，你一定會恍然大悟，原來你就是在平日最平常中誤了生死大事—因為你都在為人忙，忘失念佛慧業。

阿彌陀佛

國家圖書館出版品預行編目資料

淨土心要 2：誓證念佛三昧 / 傳融法師著. -- 1 版. --
新北市：華夏出版有限公司, 2022.11
冊；　公分. --（Sunny 文庫；263-264）
ISBN 978-626-7134-47-4（第 1 冊：平裝）. --
ISBN 978-626-7134-48-1（第 2 冊：平裝）
1.CST：淨土宗

226.55　　111011781

Sunny 文庫 264
淨土心要 2：誓證念佛三昧

著　作　傳融法師
印　刷　百通科技股份有限公司
電話：02-86926066 傳真：02-86926016
出　版　華夏出版有限公司
220 新北市板橋區縣民大道 3 段 93 巷 30 弄 25 號 1 樓
電話：02-32343788　傳真：02-22234544
E-mail：pftwsdom@ms7.hinet.net
總經銷　貿騰發賣股份有限公司
新北市 235 中和區立德街 136 號 6 樓
電話：02-82275988　傳真：02-82275989
網址：www.namode.com
版　次　2022 年 11 月 1 版
特　價　新台幣 450 元（缺頁或破損的書，請寄回更換）

ISBN：978-626-7134-48-1
《淨土心要》由傳融法師授權華夏出版有限公司出版

尊重智慧財產權・未經同意請勿翻印（Printed in Taiwan）